JN203733

5回で折れる 季節と行事のおりがみ

いしかわ☆まりこ

③ あき

～どんぐり・ピアノ・お月見だんごほか～

汐文社

はじめに

おりがみってむずかしい？　この本で紹介する作品は、なんとたった5回のステップでできあがり！

この本ではあきをイメージした作品がたくさん折れるよ。
あきといえばお月見やハロウィン、そして食欲のあき！
おいしいものがいっぱいだよね。
アートにもピッタリの季節をおりがみ作品がもりあげてくれるよ。

すぐにできちゃうから、いろんな色や柄のおりがみでたくさんつくってね。友だちや家族といっしょにあそんだり、教室やおうちにかざったり！
プレゼントになるおりがみもあるよ。
ただの四角い１まいの紙が、いろんな形に変身しちゃうおりがみってすごい！
さあ、あきのおりがみをつくって楽しもう♪

いしかわ☆まりこ

折りかたのきほん

三角折りをしてみよう！　★左ききさんは手が反対になるよ！★

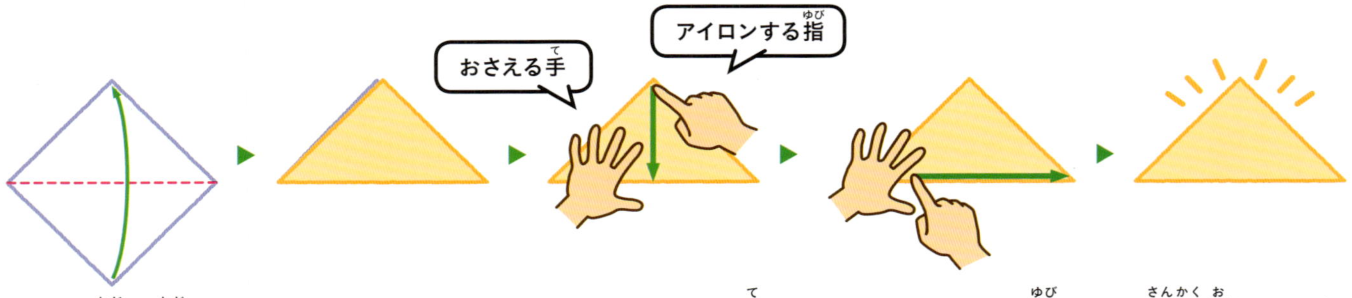

おさえる手
アイロンする指

角と角をあわせて三角に折る。

しっかりおさえて、手でアイロンするみたいに角のところから下におろす。

アイロンする指で折り目をつける。

三角折りのできあがり！

もくじ

この本の使いかた

ふきだしの中はつくりかたのポイントやヒントだよ

おりがみのサイズ

作品の名前。英語もかいてあるよ

APPLE AND PEAR
りんごとなし
おいしいくだものがいっぱいの季節。ついつい食べすぎちゃう？
色をかえたら青りんごにも！
材料
おりがみ … 1まい
15センチ
15センチ
半分に折りすじをつける。
★のふちをまん中あわせて折る。
2で折ったところから1センチあけて図のように上の角を折る。
下の角がはみだすように折る。
図のように折って形をととのえる。
なしにはてんてんをつけてね！
できあがり
うらがえしたらりんご（なし）！

折り図。1～5までのステップにまとめてあるよ。わかりやすいように、途中で図が大きくなることがあるよ。

「○センチ折る」のように、長さの指定があるときは、めもりを使うとべんりだよ。むずかしい人は、ぴったりはからなくても、図を見てだいたいで折ってもだいじょうぶ！うまくいかないときは、少しずらして折りなおしてみようね。

材料・道具

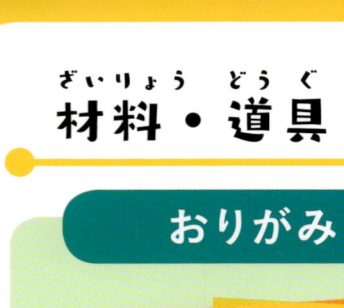

この本の作品は**15×15**センチ、**7.5×7.5**センチ（小サイズ）のものを使っているよ。ほかのサイズもいろいろあるから、ためしてみてね。もようも作品にあわせてえらぼう！

おりがみ

サイズいろいろ

もよういろいろ！

道具

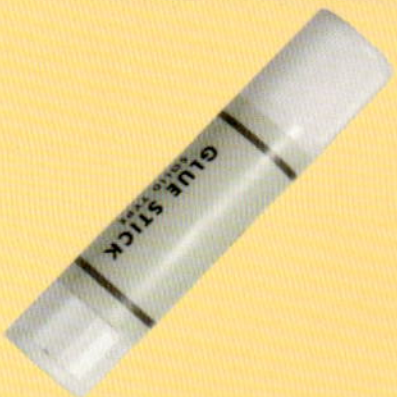
GLUE STICK

のり

セロハンテープ

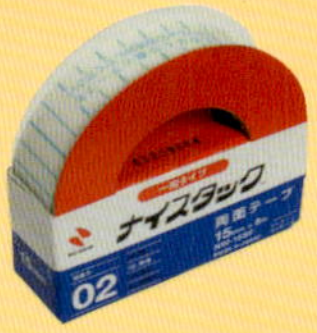
ナイスタック
両面テープ
02

両面テープ

ものさし

はさみ

＋アイテム

あなあけパンチ

ペン

丸シール

マスキングテープ

あなあけパンチで目のパーツをつくろう。
おりがみを半分に折ってあなあけパンチでぬくと、
同時に２まいの丸い形ができるよ。
うさぎの目にしたり、
アイデアしだいでいろいろ使える！

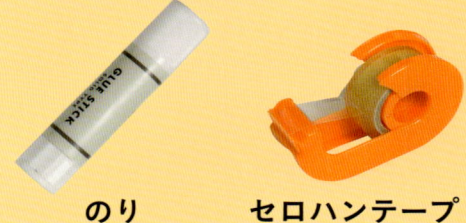

折りかたのマーク・折りかた

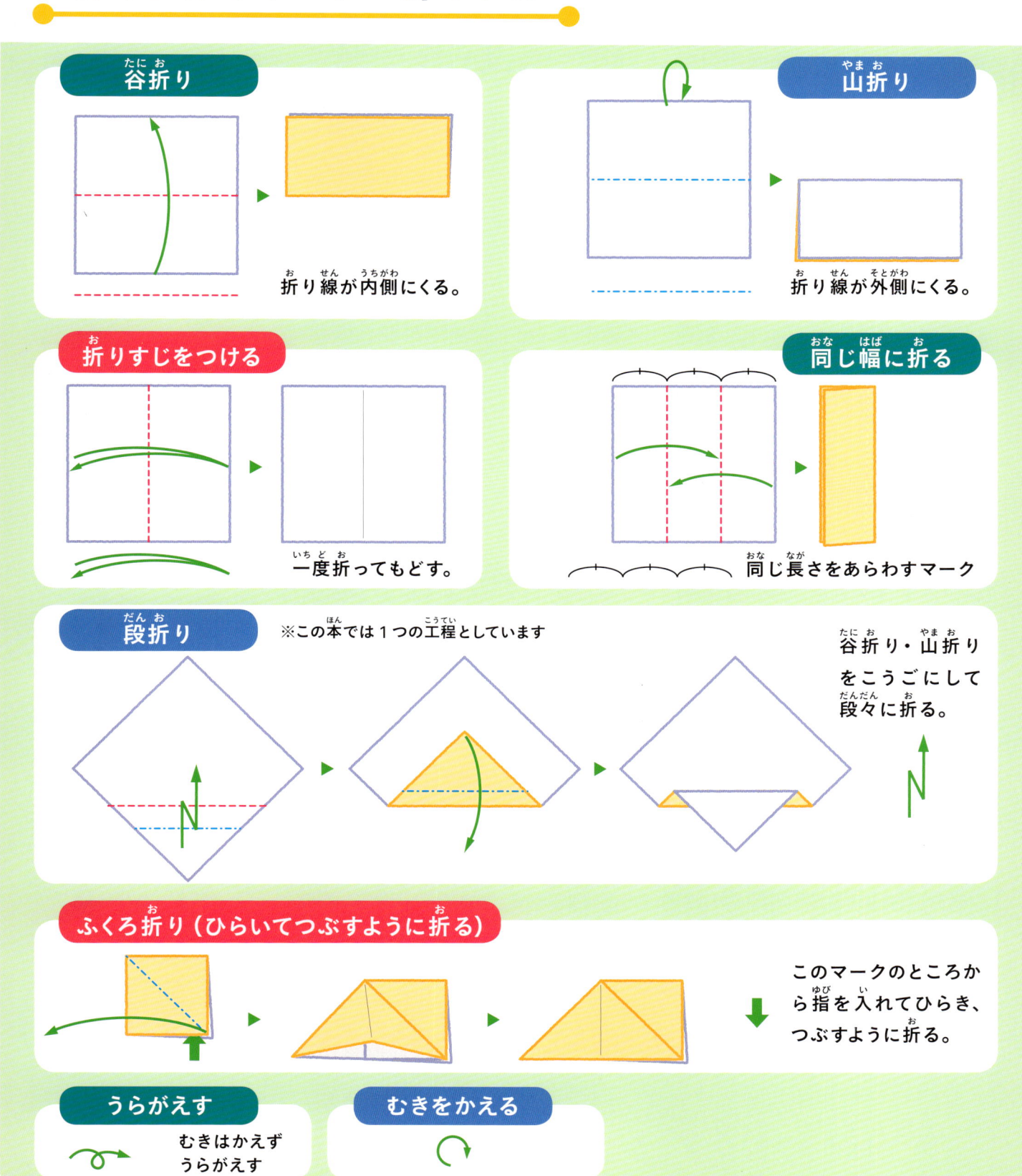

谷折り

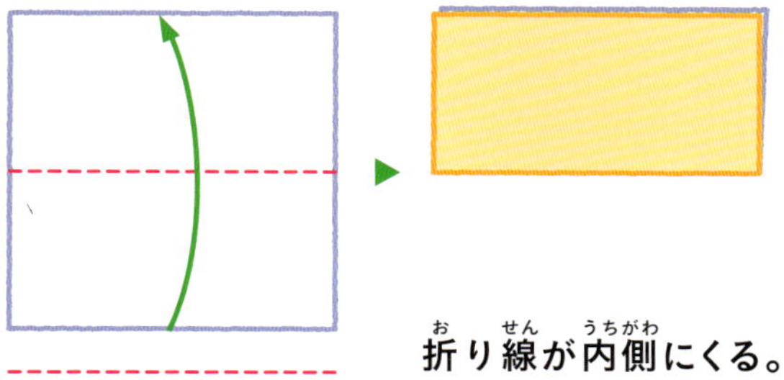

折り線が内側にくる。

山折り

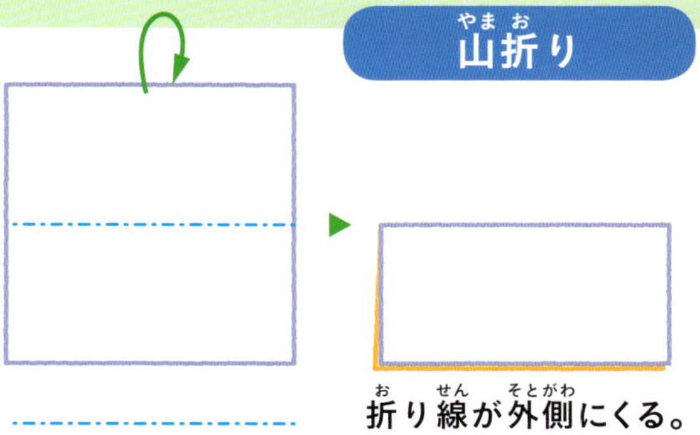

折り線が外側にくる。

折りすじをつける

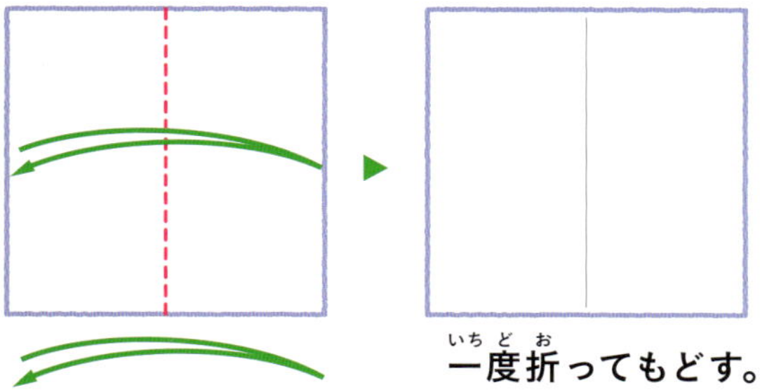

一度折ってもどす。

同じ幅に折る

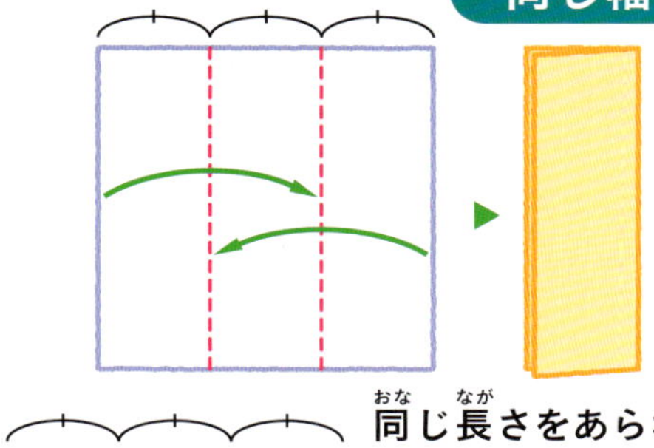

同じ長さをあらわすマーク

段折り

※この本では1つの工程としています

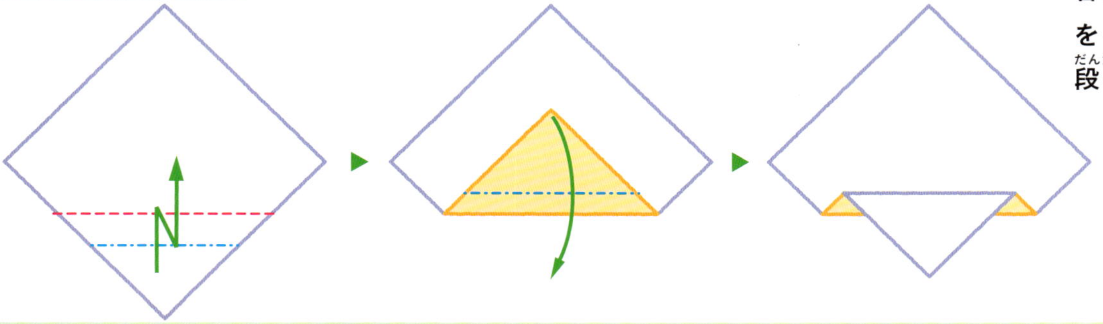

谷折り・山折りをこうごにして段々に折る。

ふくろ折り（ひらいてつぶすように折る）

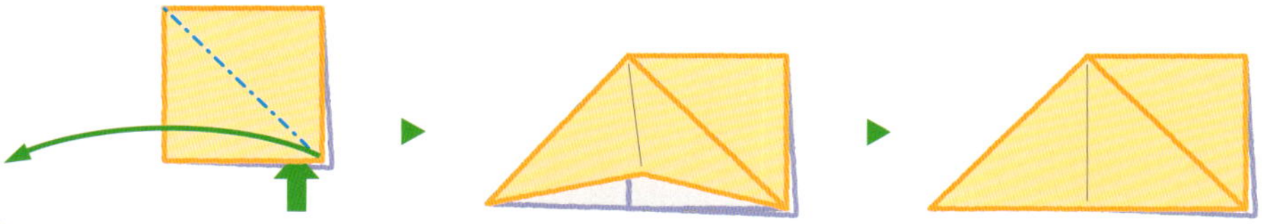

このマークのところから指を入れてひらき、つぶすように折る。

うらがえす

むきはかえずうらがえす

むきをかえる

AUTUMN IS HERE.

あきっていいな！

すごしやすい季節がやってきた！　アートや読書、スポーツを楽しもう。おいしいくだものもいっぱいだよ！

ホー
ホー
くだもの
いっぱい！
Halloween!

Happy
Halloween!
おいしそう！

autumn

PUMPKIN

かぼちゃ

ハロウィンでおなじみのかわいいおばけ！

顔は切って
はってもいいね！

材料

おりがみ … 1まい

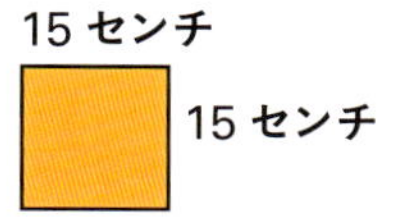
15 センチ
15 センチ

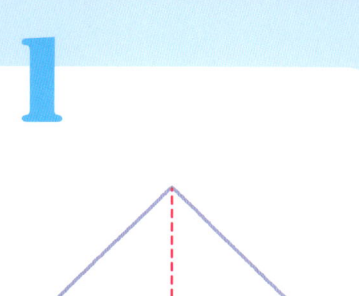

1

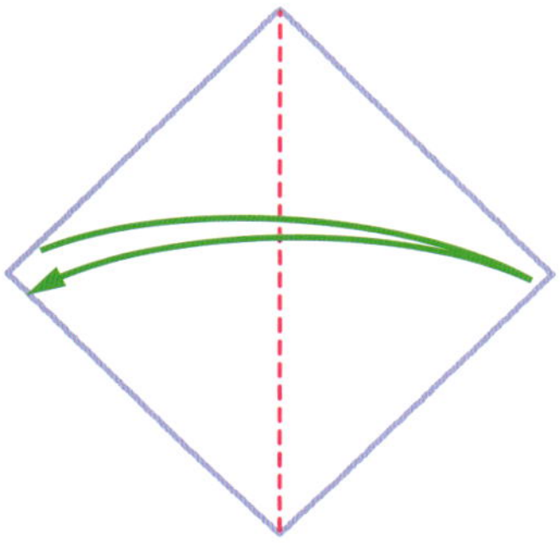

半分に折ってもどし、折りすじをつける。

2

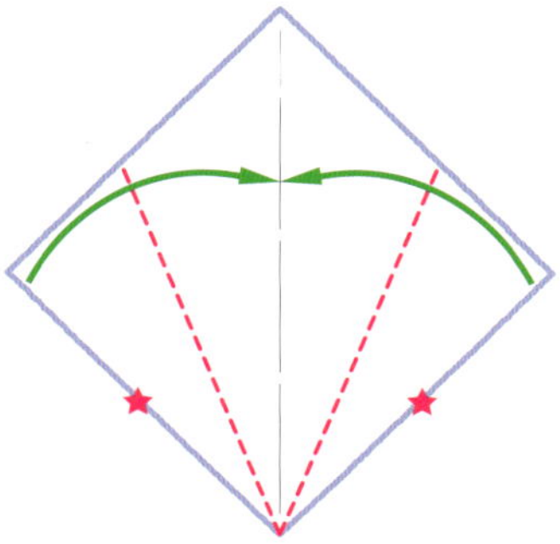

★のふちをまん中あわせで折る。

3

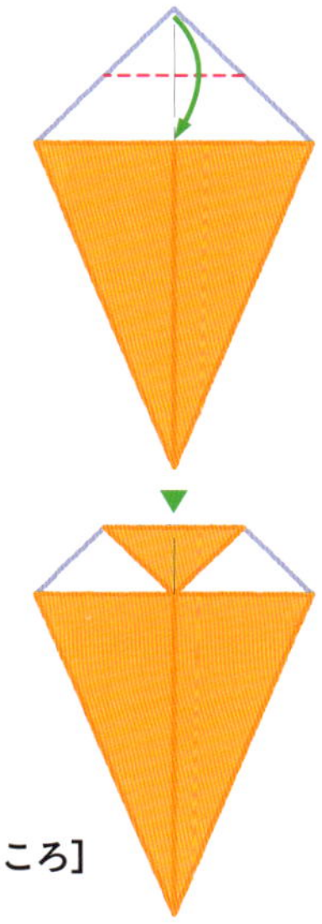

[折ったところ]

図のように上の角を折る。

4

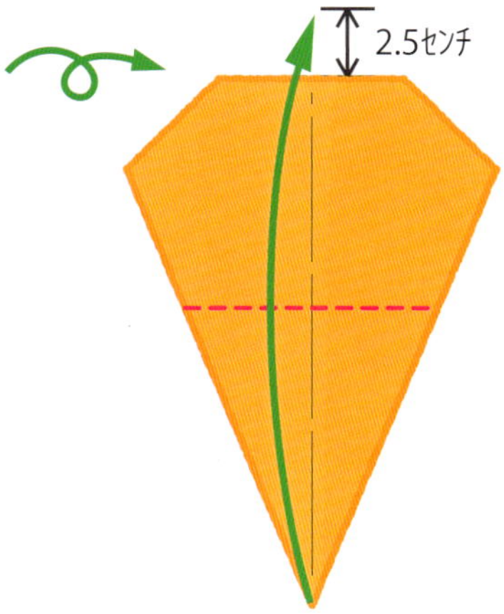
2.5センチ

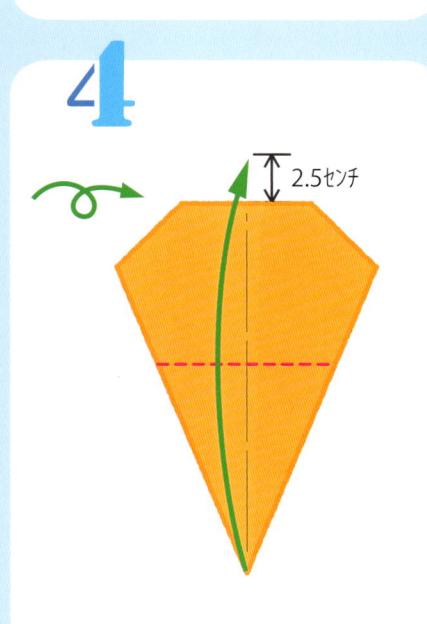

うらがえして下の角が 2.5 センチはみだすように折る。

5

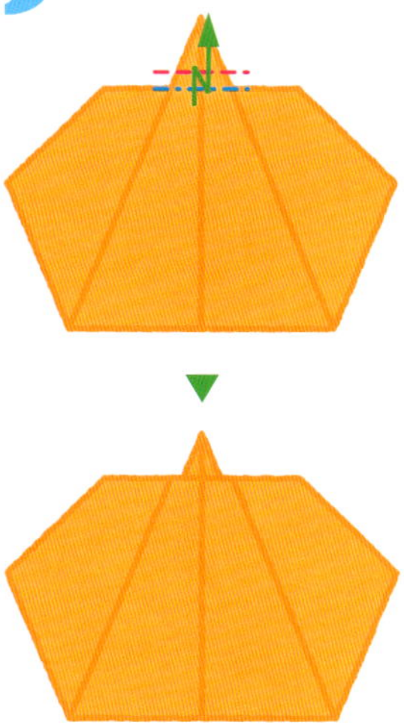

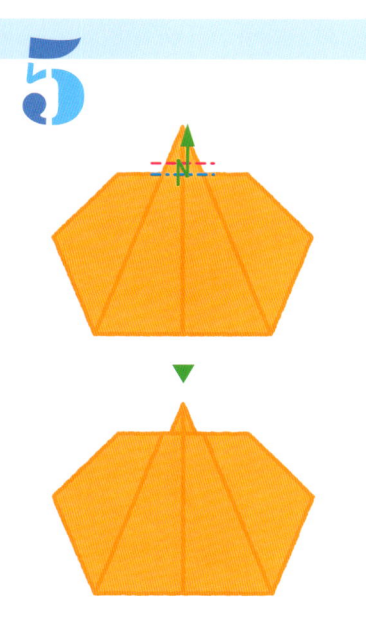

4 ではみだしたところを段折りする。

できあがり

そのままならかぼちゃ！顔をかいたらジャックオランタン！

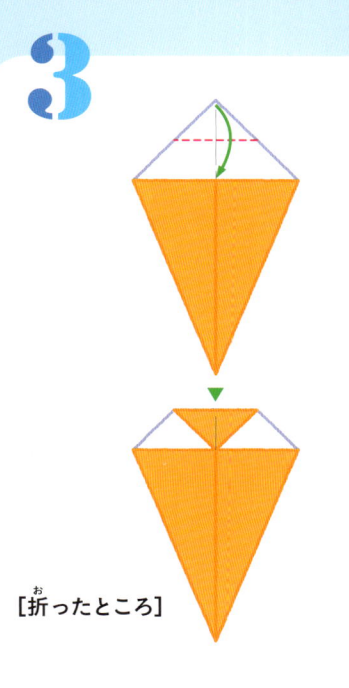

autumn

CAT

ねこ

あきの夜長、まちのどこかで集会中！？

くろねこ、みけねこ、しましまねこ…
いろんな色やもようで
折ってみよう！

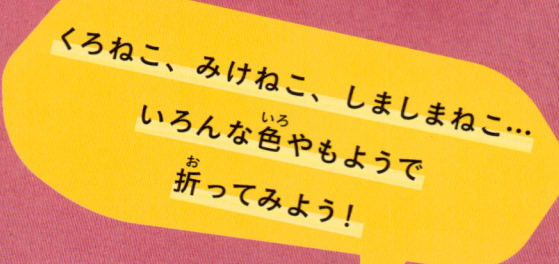

INTRODUCTION
DELICIOUS SECRET
sweet
taste

材料

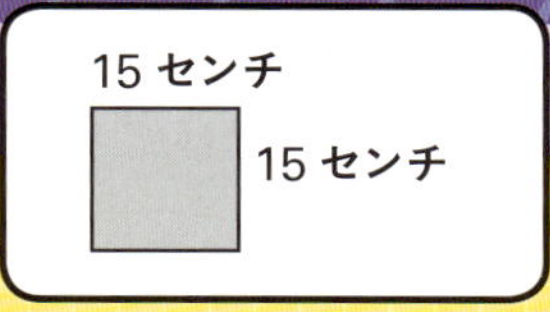
15 センチ
15 センチ

おりがみ … 1 まい
穴あけパンチでぬいた丸（目）… 2 まい

1

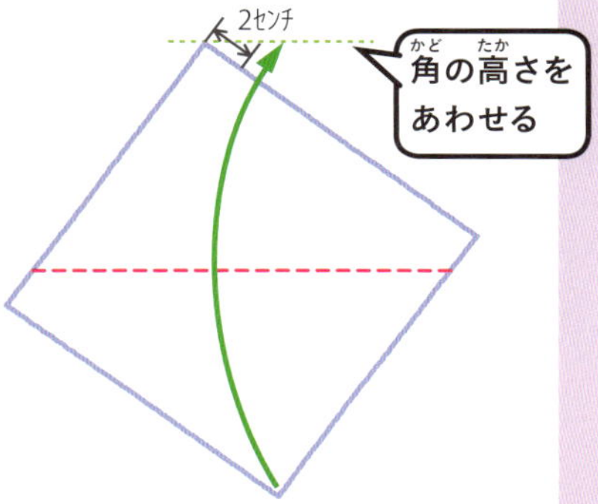
2センチ
角の高さをあわせる

図のように下の角をずらして折る。

2

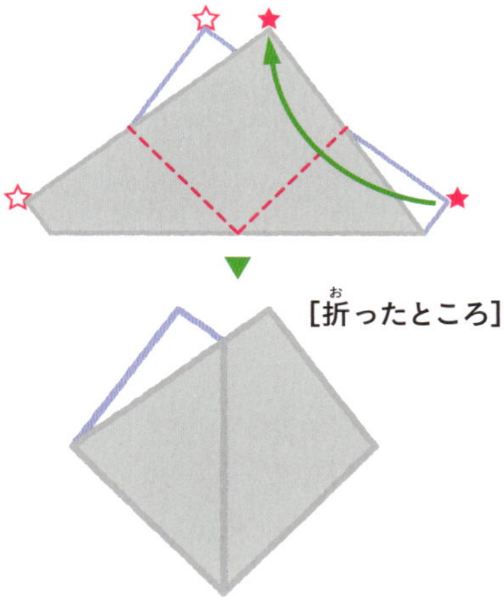
[折ったところ]

☆と☆、★と★をあわせて折る。

3

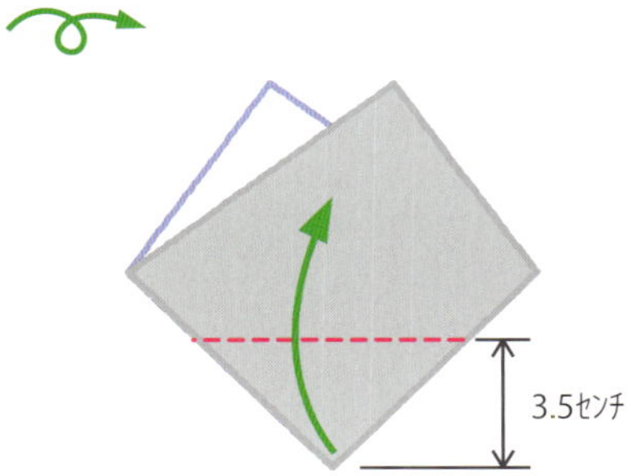
3.5センチ

うらがえして、下の角を折る。

4

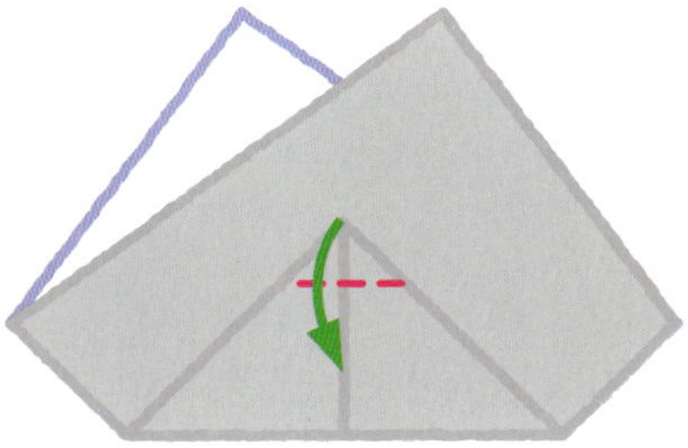

3 で折ったところを少し折りかえす。

できあがり

うきやすいところをテープではって、目をつけてひげをかいたらねこ！

くろねこの場合は白い丸の上に目をつけてね！

MUSHROOM

きのこ

実りのあき！　とって楽しい、食べておいしい！

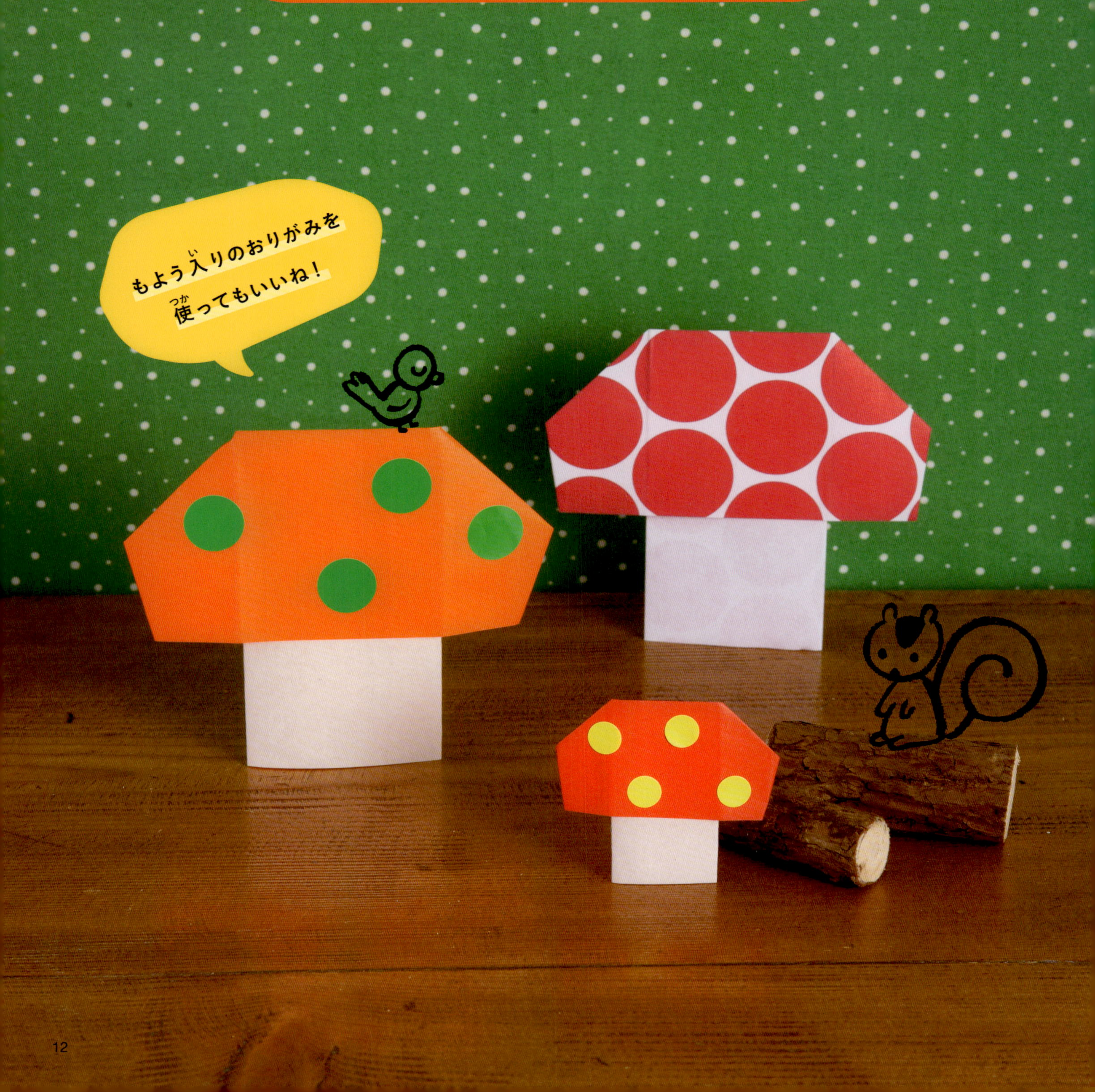
もよう入りのおりがみを
使ってもいいね！

材料

おりがみ（大きいきのこ）1まい
（小さいきのこ）小サイズ 1まい

15センチ 15センチ

7.5センチ 7.5センチ

1

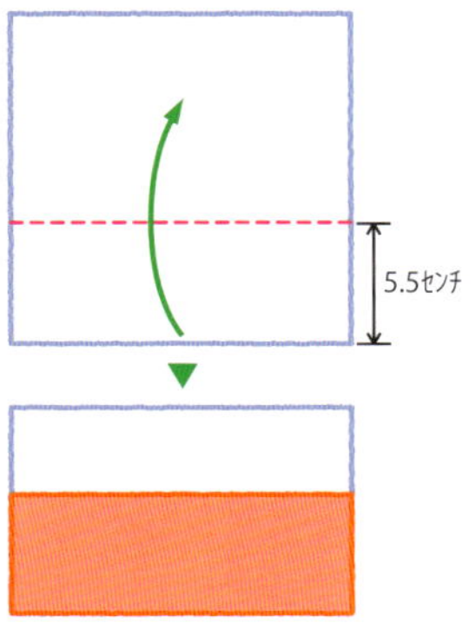
5.5センチ

下から5.5センチ（小さいきのこは3センチ）折る。

2

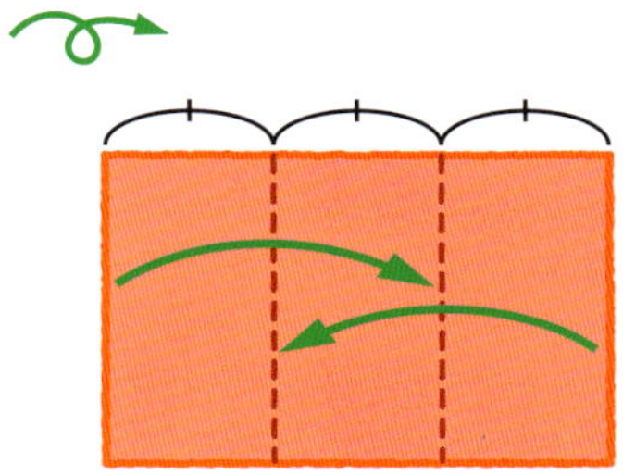

うらがえして図のように3つ折りする。

3

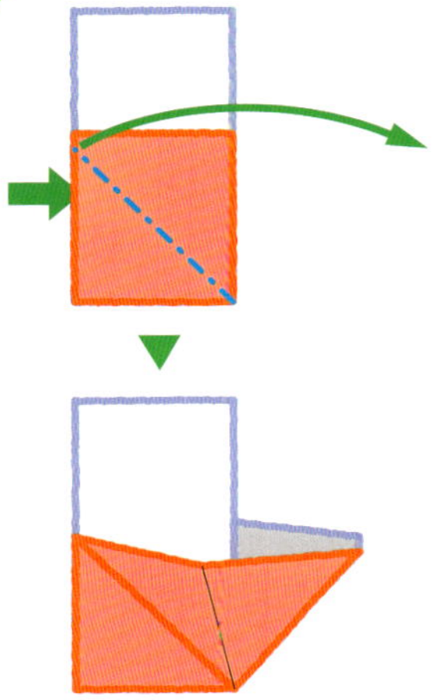

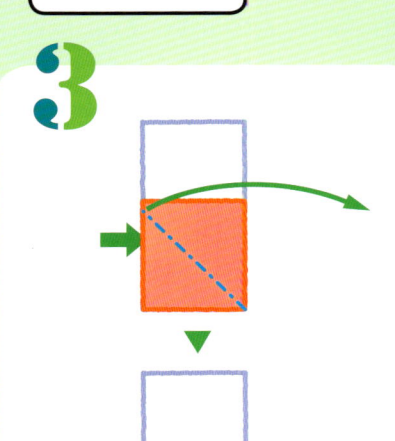

➡からふくろ折りする（ひらいてつぶすように折る）。

4

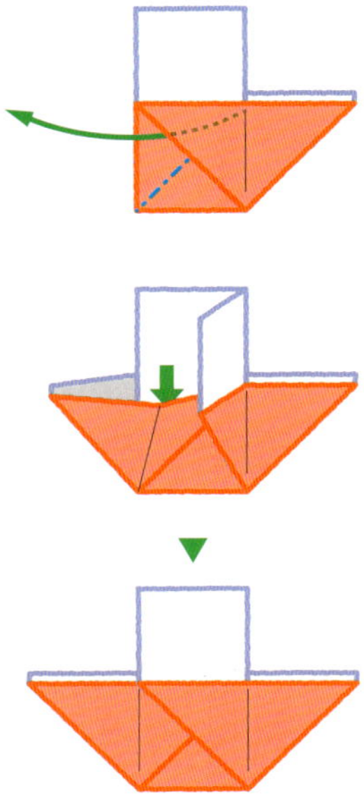

かさなっている反対側も同じようにふくろ折りする。

5

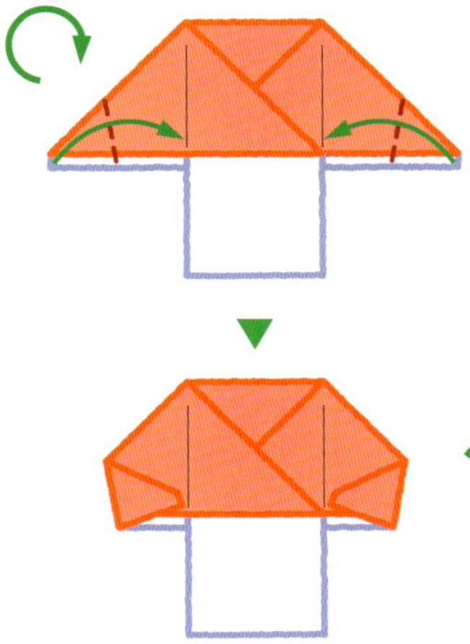

[折ったところ]

むきをかえて左右の角をななめに折る。

できあがり

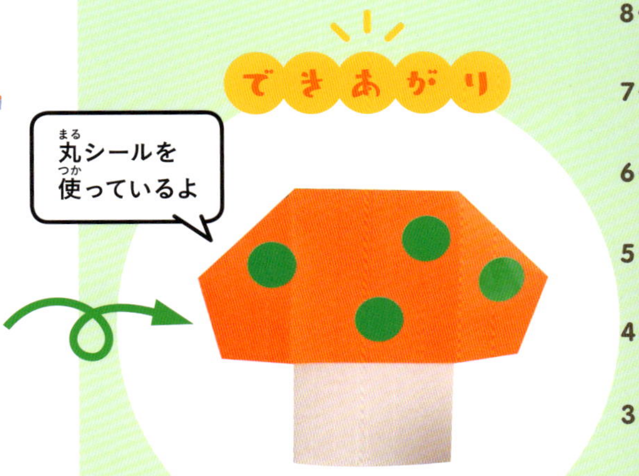
丸シールを使っているよ

うらがえしてもようをつけたらきのこ！

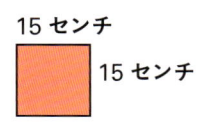

ACORN

どんぐり

公園や森でひろうのが楽しい、小さなたからもの。

たくさんつくるとかわいい！
太めや細め、
形をかえてみると楽しいね

材料

おりがみ … 1まい

7.5 センチ × 7.5 センチ

＊両面おりがみがおすすめだよ

1

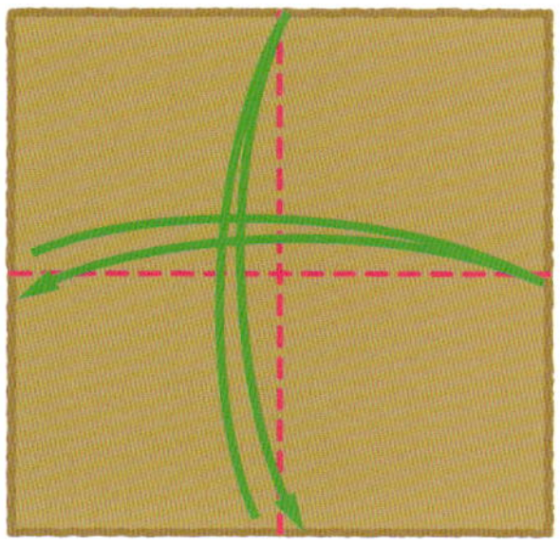

実の色にしたい面を上にしておく。たてよこ半分に折りすじをつける。

2

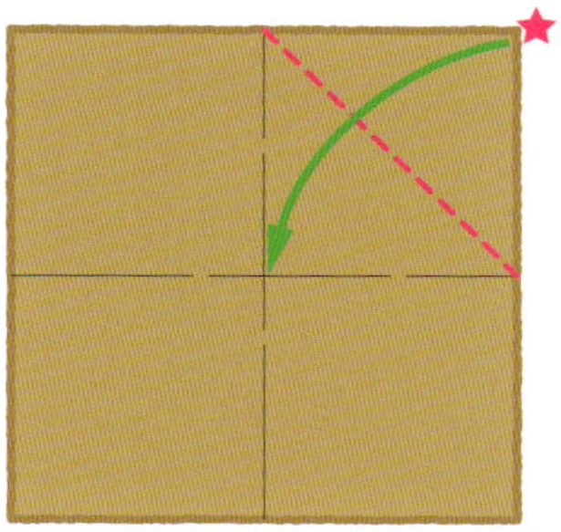

★の角だけ中心まで折る。

3

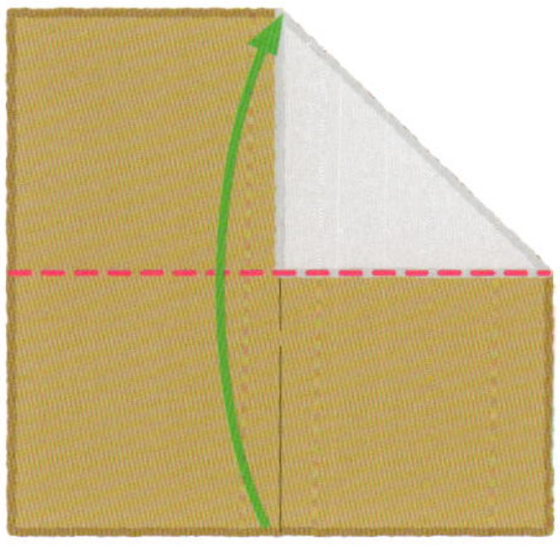

よこの折りすじで折る。

4

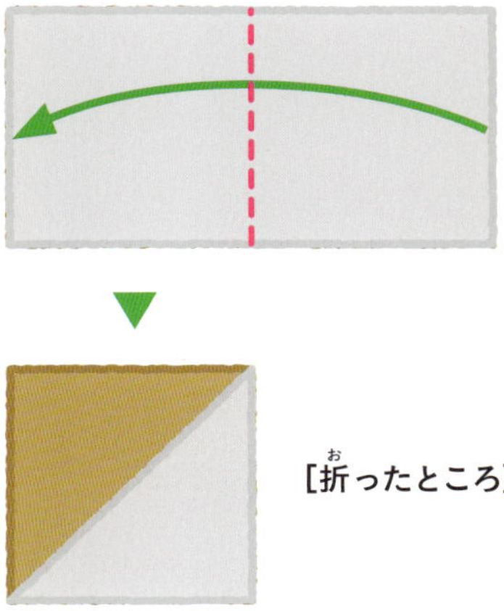

[折ったところ]

半分に折る。

5

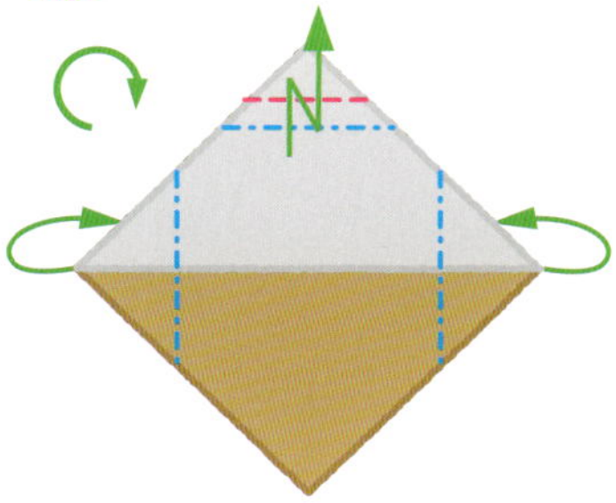

むきをかえて上の角を段折りし、左右の角を少しうしろに折る。

左右の折るはばによって太めや細めになるよ！

できあがり

もようをかいたらどんぐり！

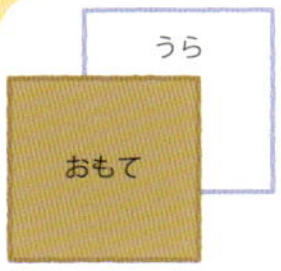
うら
おもて

うらどうしをあわせて、両面おりがみをつくって折ってもいいね。

APPLE AND PEAR

りんごとなし

おいしいくだものがいっぱいの季節。ついつい食べすぎちゃう？

色をかえたら
青りんごにも！

材料

おりがみ … 1まい

15 センチ
15 センチ

1

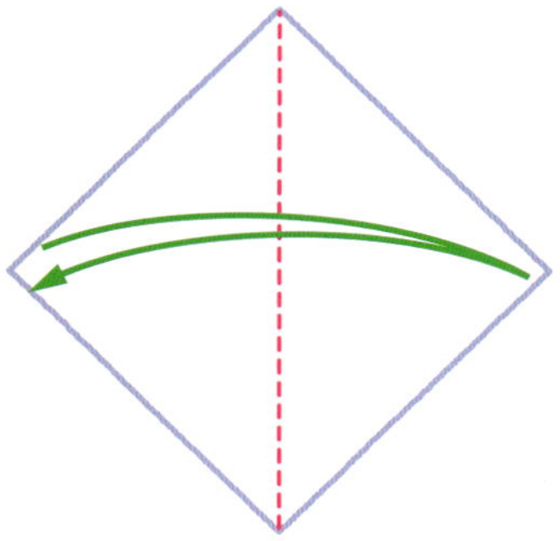

半分に折りすじをつける。

2

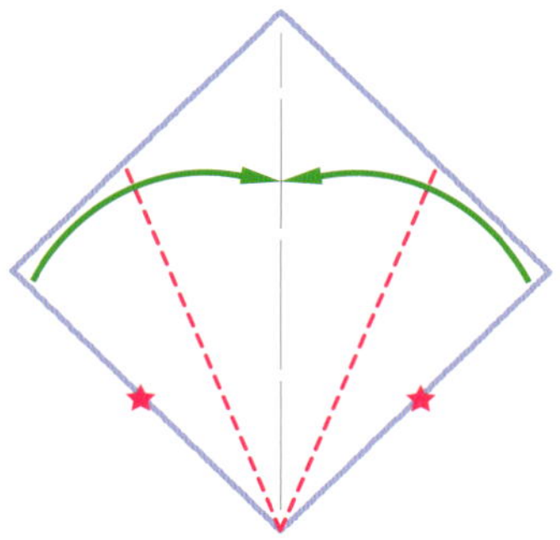

★のふちをまん中あわせで折る。

3

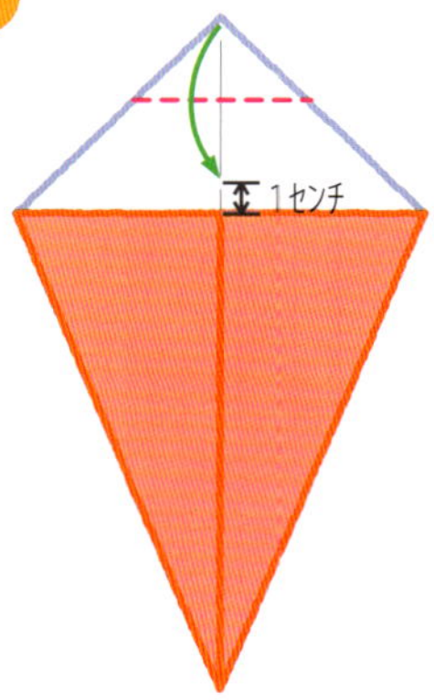

1センチ

2で折ったところから1センチあけて図のように上の角を折る。

4

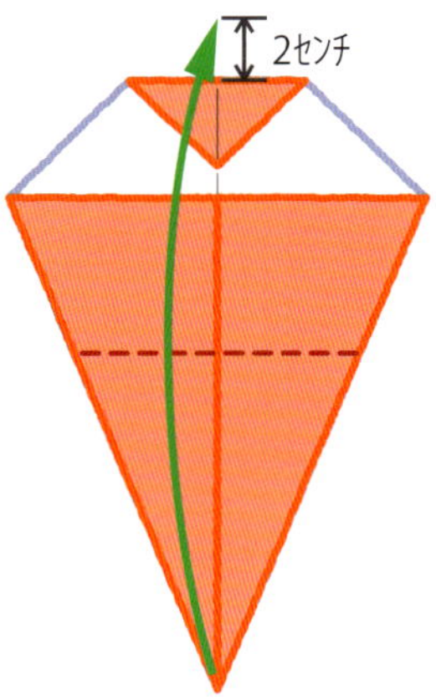

2センチ

下の角がはみだすように折る。

5

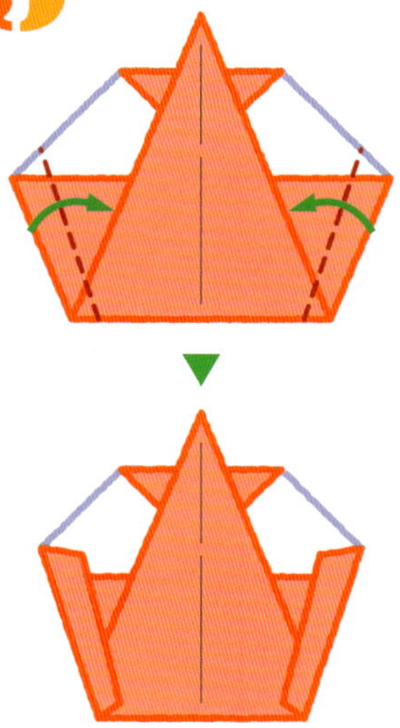

図のように折って形をととのえる。

なしには
てんてんをつけてね！

できあがり

うらがえしたら
りんご（なし）！

autumn

PIANO

ピアノ

すてきなメロディがきこえるよ♪

けんばんは
本物(ほんもの)をまねしてかいてね！

材料

おりがみ … 1まい

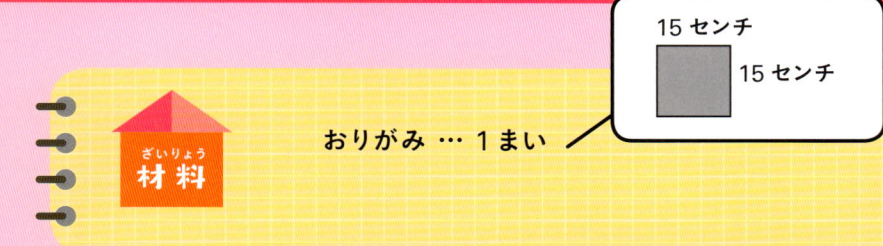

15センチ
15センチ

1

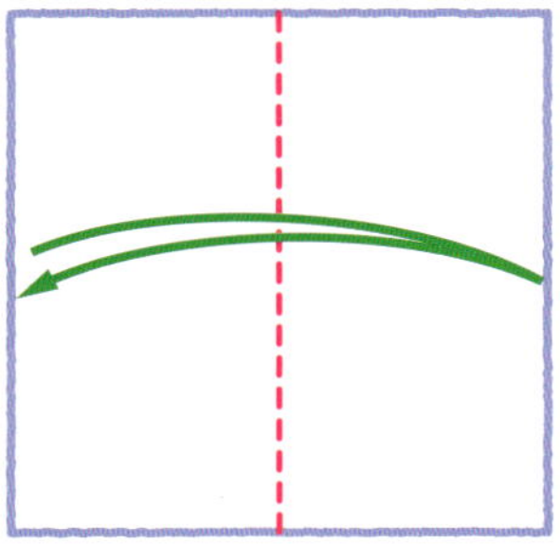

たて半分に折りすじをつける。

2

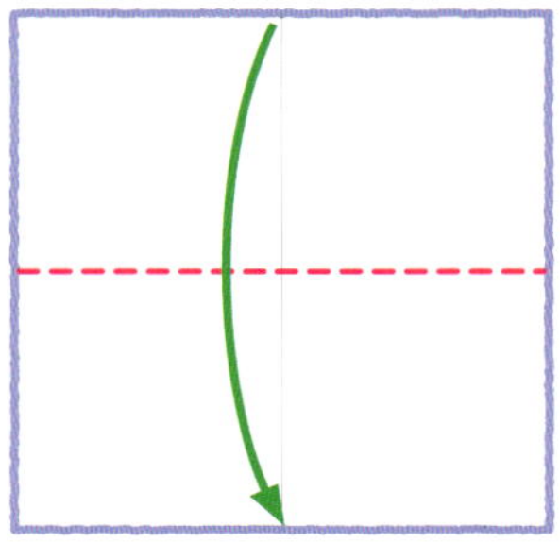

下に半分に折る。

3

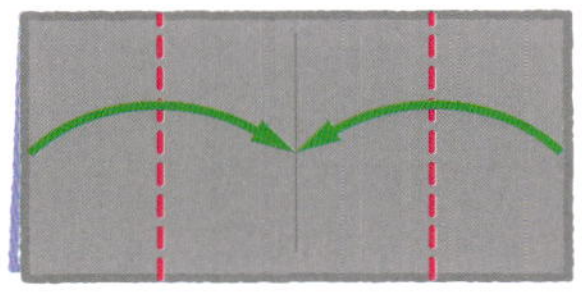

左右をまん中あわせで折る。

4

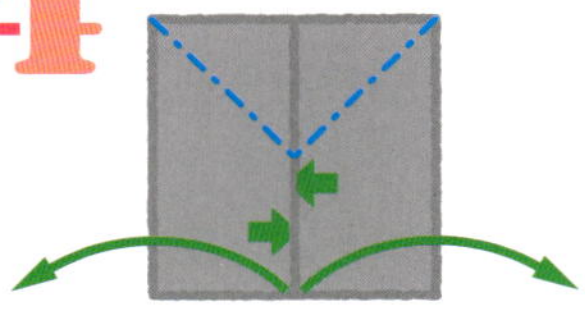

[折っているとちゅう]

[折ったところ]

それぞれ ➡ ⬅ からふくろ折りをする（ひらいてつぶすように折る）。

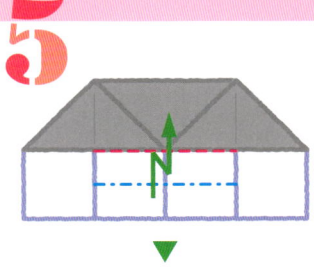

5

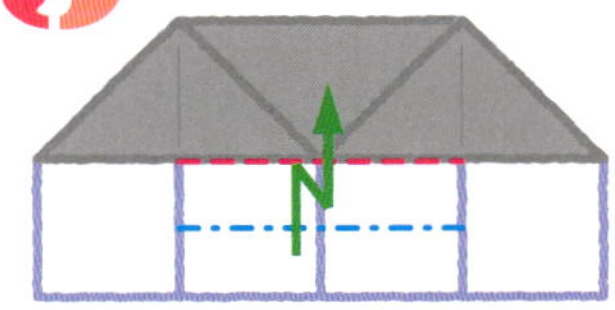

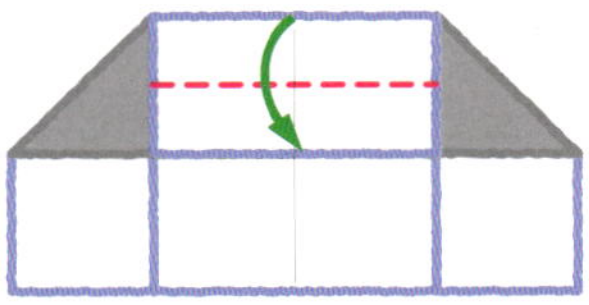

[折っているとちゅう]

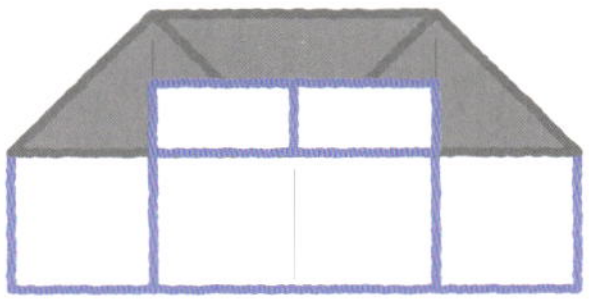

[折ったところ]

まん中の部分を図のように段折りする。

ここにけんばんをかいてね！

できあがり

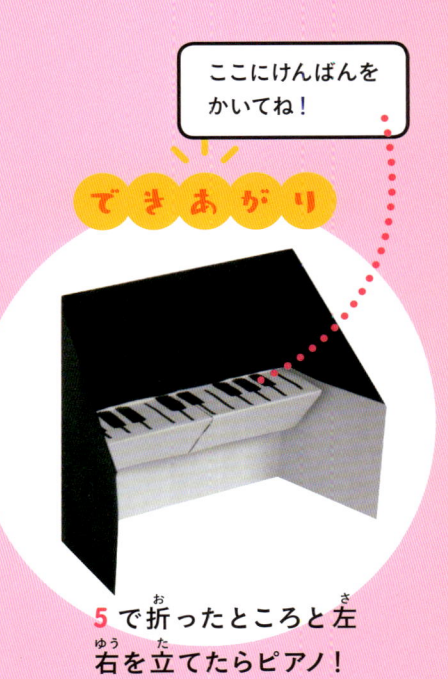

5で折ったところと左右を立てたらピアノ！

autumn

GHOST

おばけ

こんなにかわいいおばけなら見えてもいい！？

夏のおばけやしきにも
使えるね！

材料

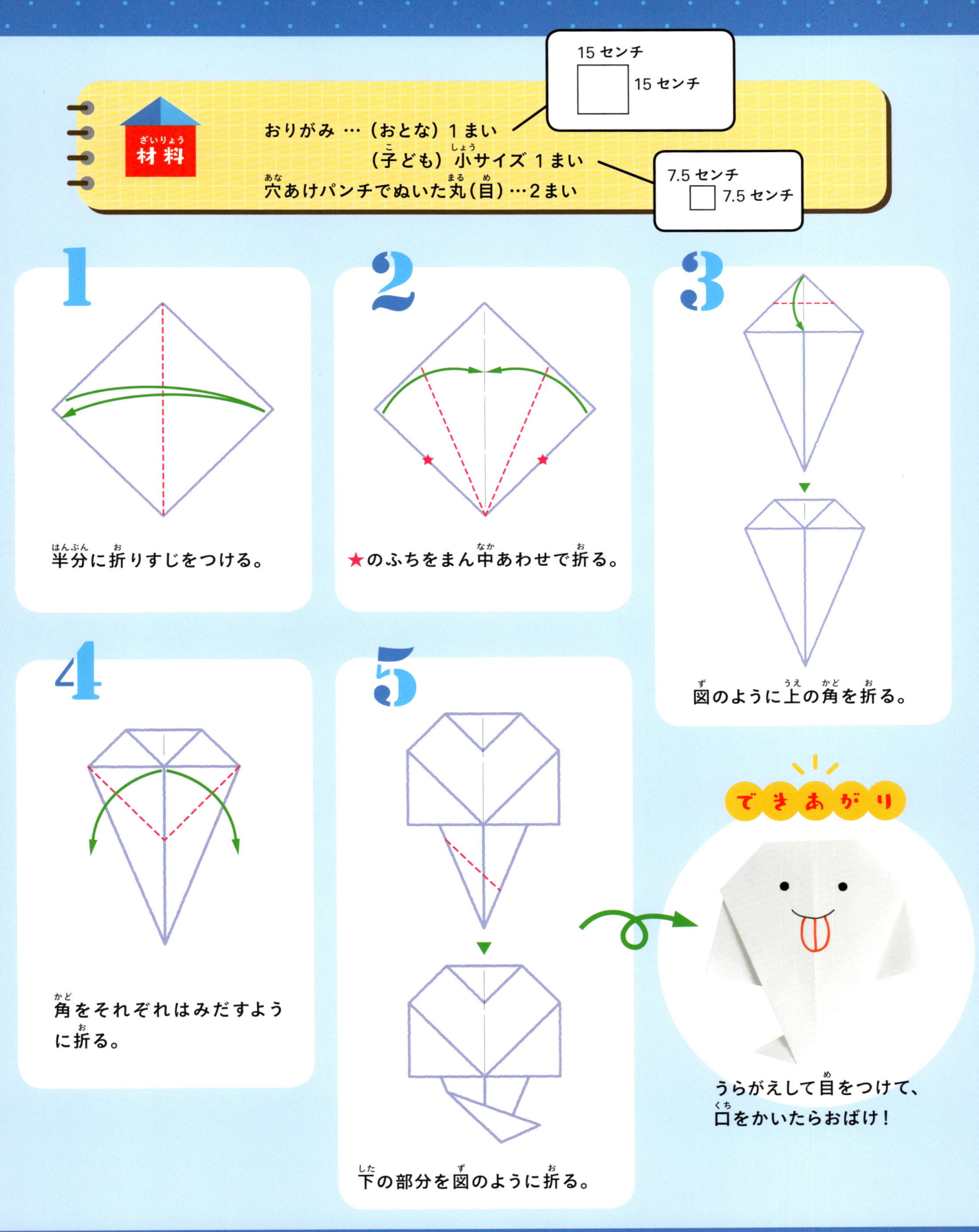

おりがみ …（おとな）1まい
（子ども）小サイズ 1まい
穴あけパンチでぬいた丸（目）…2まい

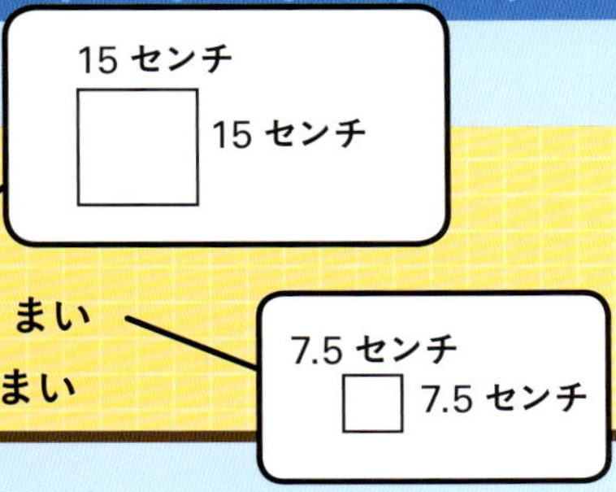

15 センチ
15 センチ
7.5 センチ
7.5 センチ

1

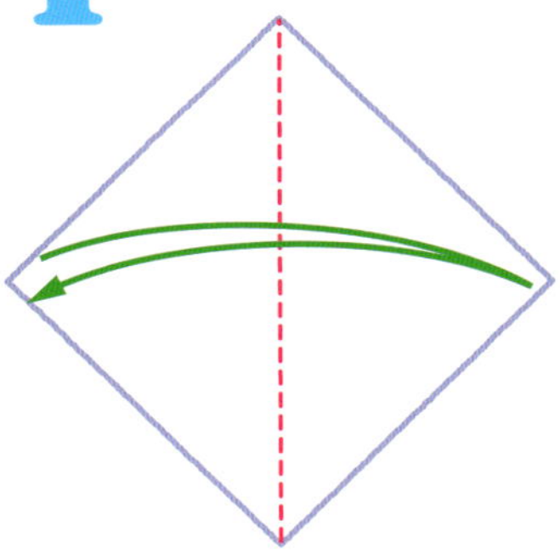

半分に折りすじをつける。

2

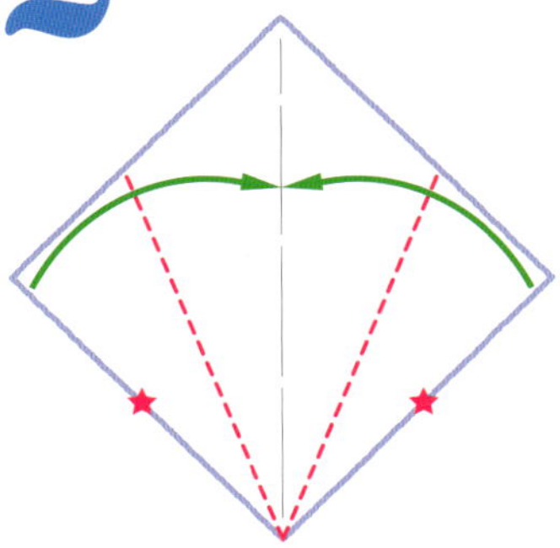

★のふちをまん中あわせで折る。

3

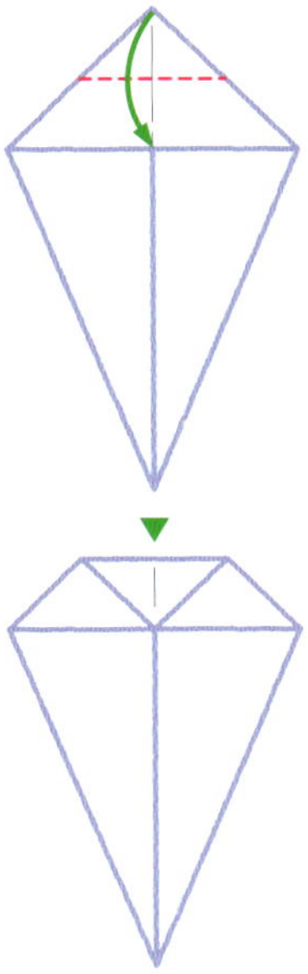

図のように上の角を折る。

4

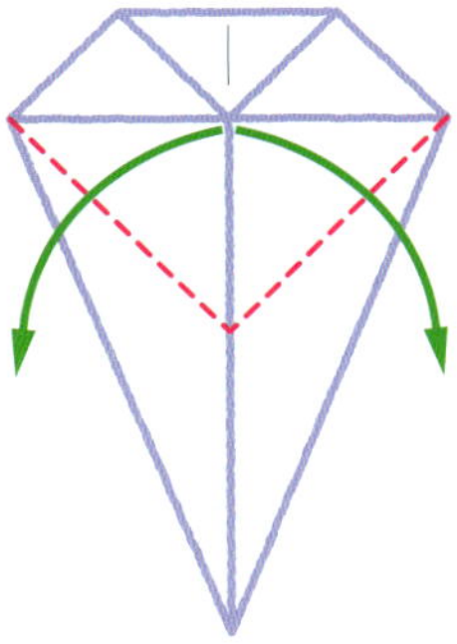

角をそれぞれはみだすように折る。

5

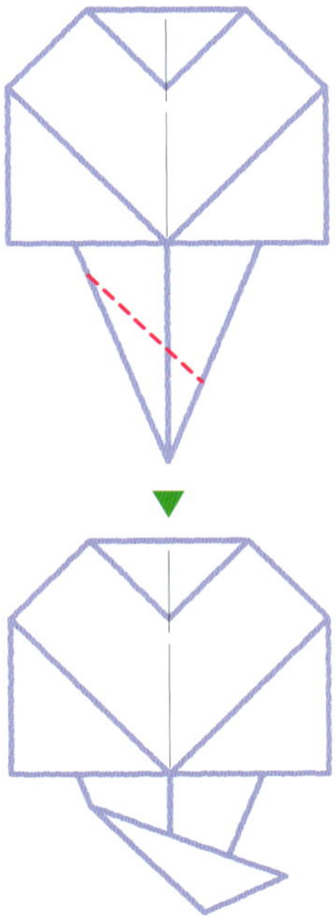

下の部分を図のように折る。

できあがり

うらがえして目をつけて、
口をかいたらおばけ！

autumn

WITCH'S HAT

魔女のぼうし

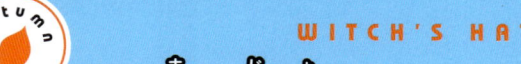

あきの夜ふけ、ほうきにのって空をとぶのはだれ？

マスキングテープや
シールを
はってもいいね！

材料

おりがみ … 1まい

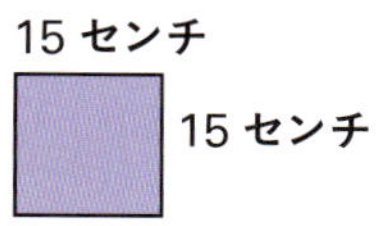
15 センチ
15 センチ

マスキングテープやシール

1

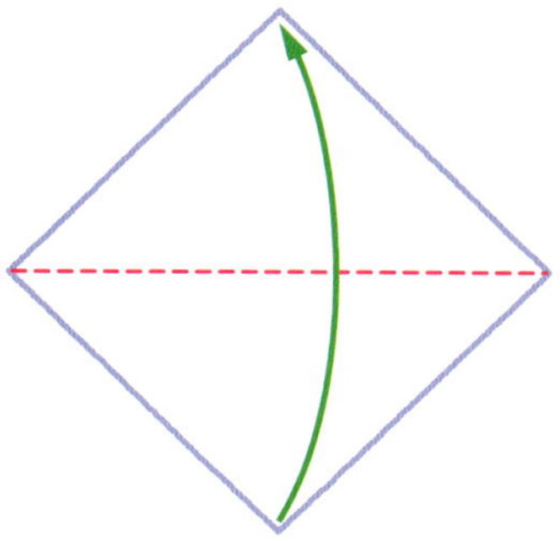

半分に折る。

2

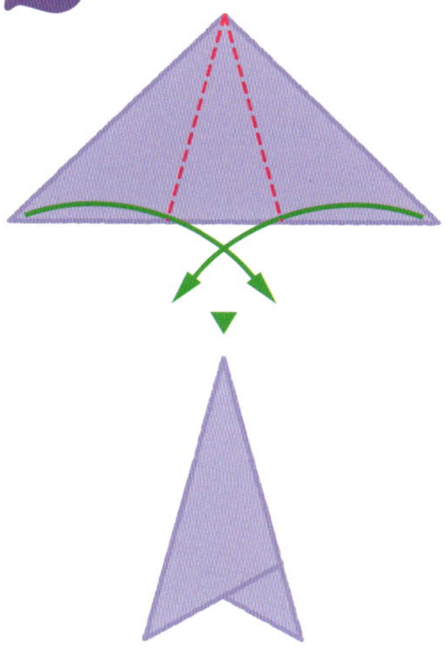

[折ったところ]

3つ折りする。

3

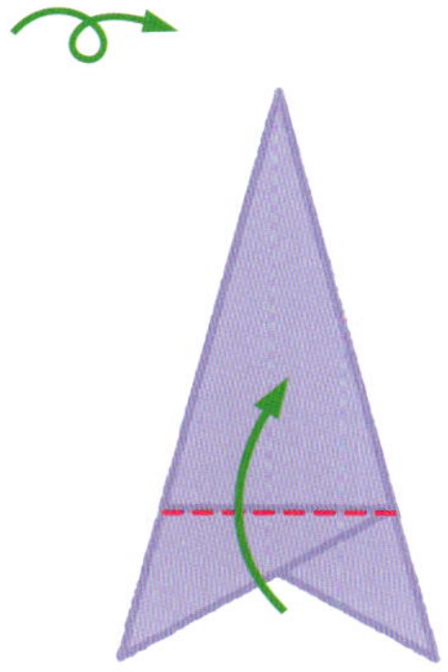

うらがえして図のように折る。

4

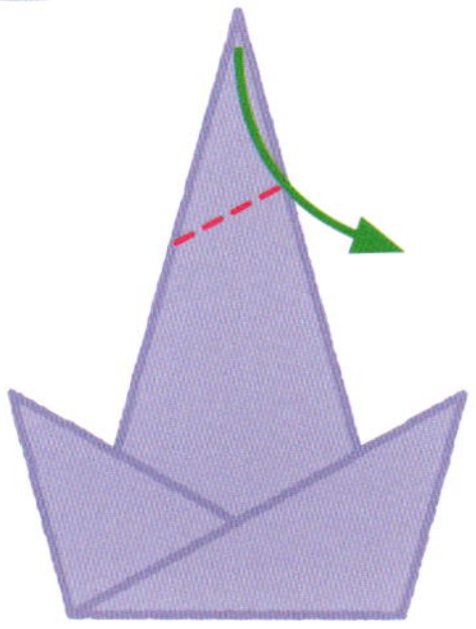

とんがりの角をななめに折る。

できあがり

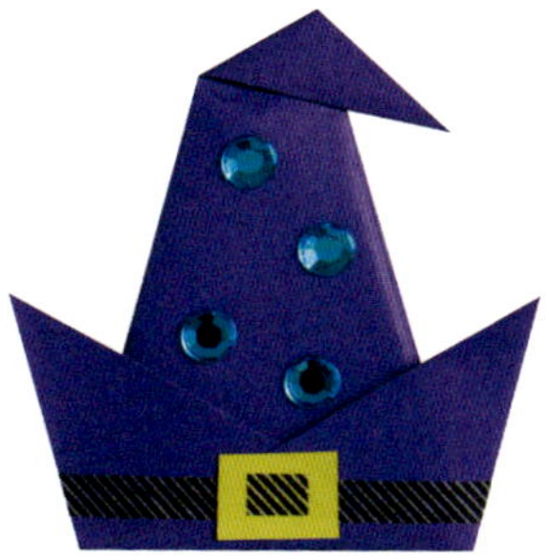

うきやすいところをテープではり、かざりをつけたら魔女のぼうし！

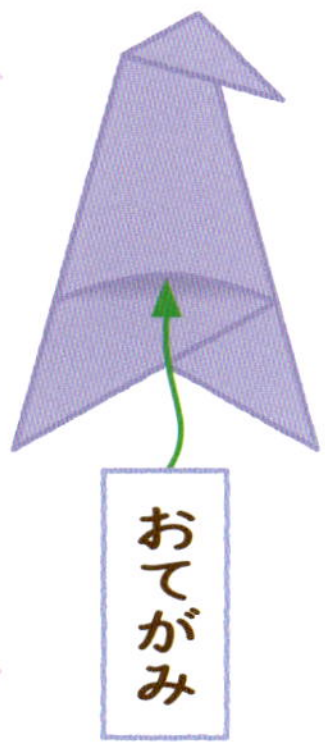
おてがみ

お手紙やハロウィンパーティのしょうたい状を入れても！

4でぎゃくに折るとこの形に！

autumn

SKELETON

がいこつ

ハロウィンではかわいいドクロがおでむかえ！

顔(かお)のかきかたでこわくも、
かわいくもできるよ！

材料

おりがみ … 1まい

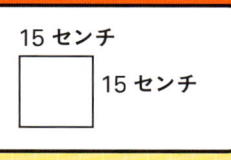

15センチ
15センチ

1

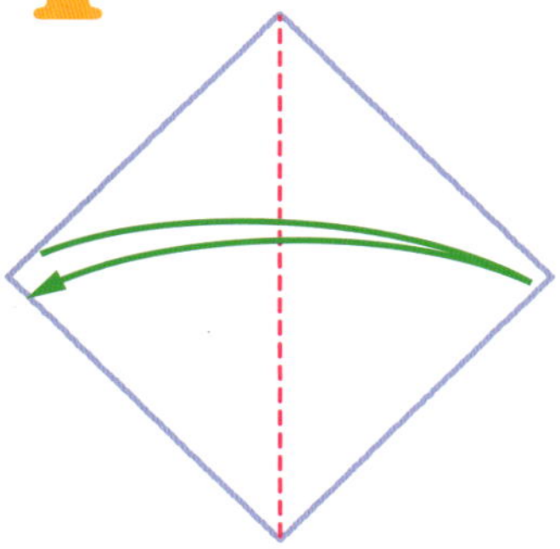

半分に折りすじをつける。

2

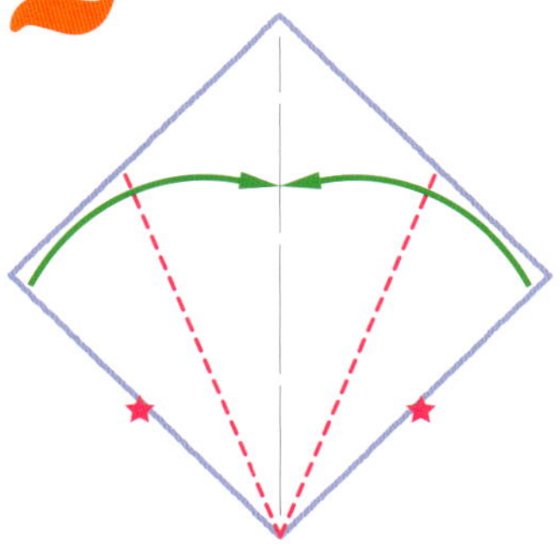

★のふちをまん中あわせで折る。

3

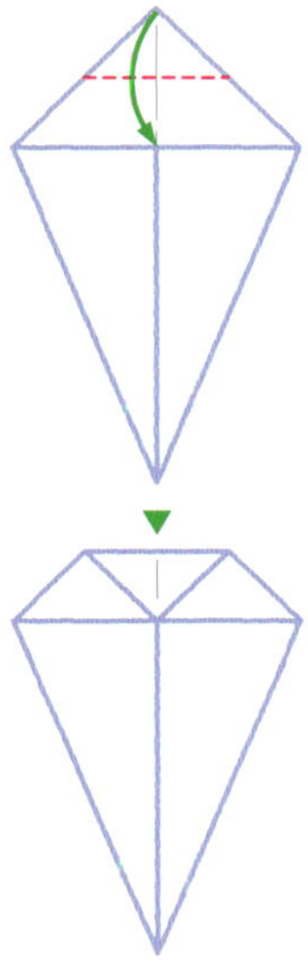

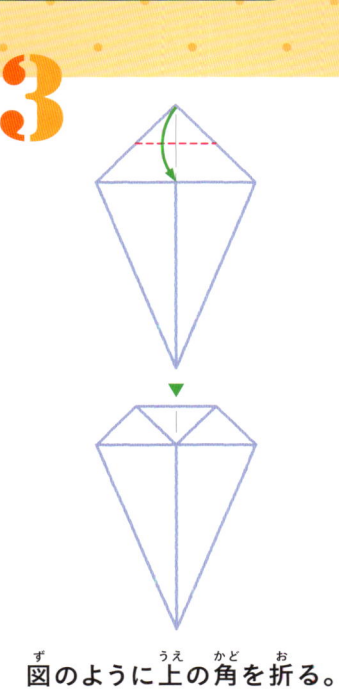

図のように上の角を折る。

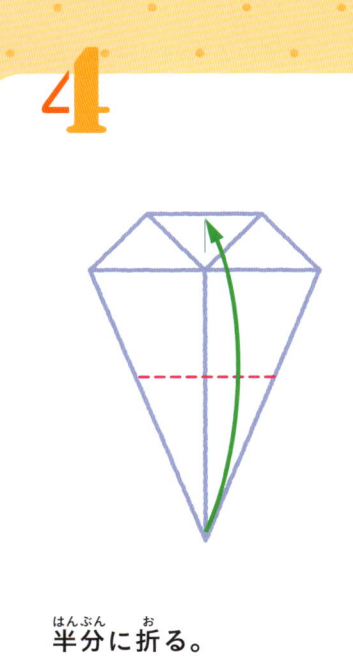

4

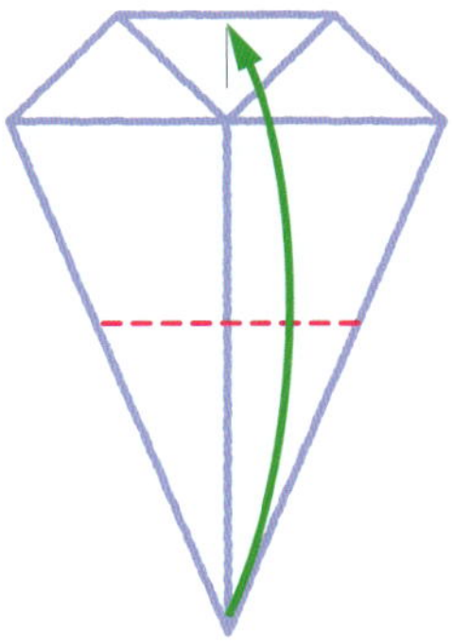

半分に折る。

5

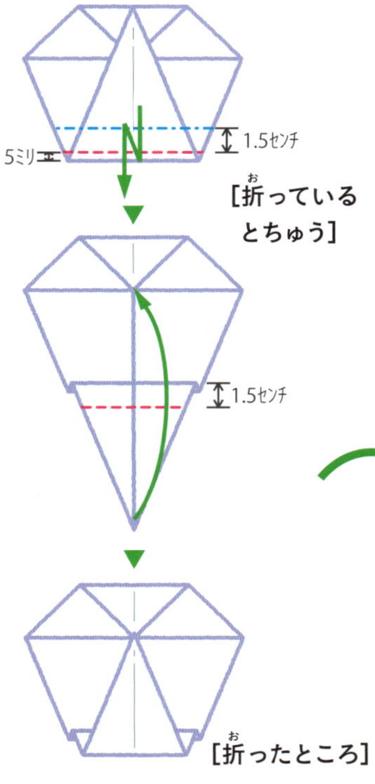
1.5センチ
5ミリ
[折っている
とちゅう]
1.5センチ
[折ったところ]

図のように段折りする。

できあがり

うらがえして顔をつけたら
がいこつ!

autumn

MOON VIEWING DUMPLING

お月見だんご

十五夜には、おだんごとすすきをお月さまにおそなえするよ。

おだんごはいろんなくだものに
アレンジできるよ。
P 38をみてね
おだんごののせかたも
数もいろいろ！

材料

おりがみ …（さんぽう）1まい　15センチ × 15センチ

（おだんご）小サイズ 6まい　7.5センチ × 7.5センチ

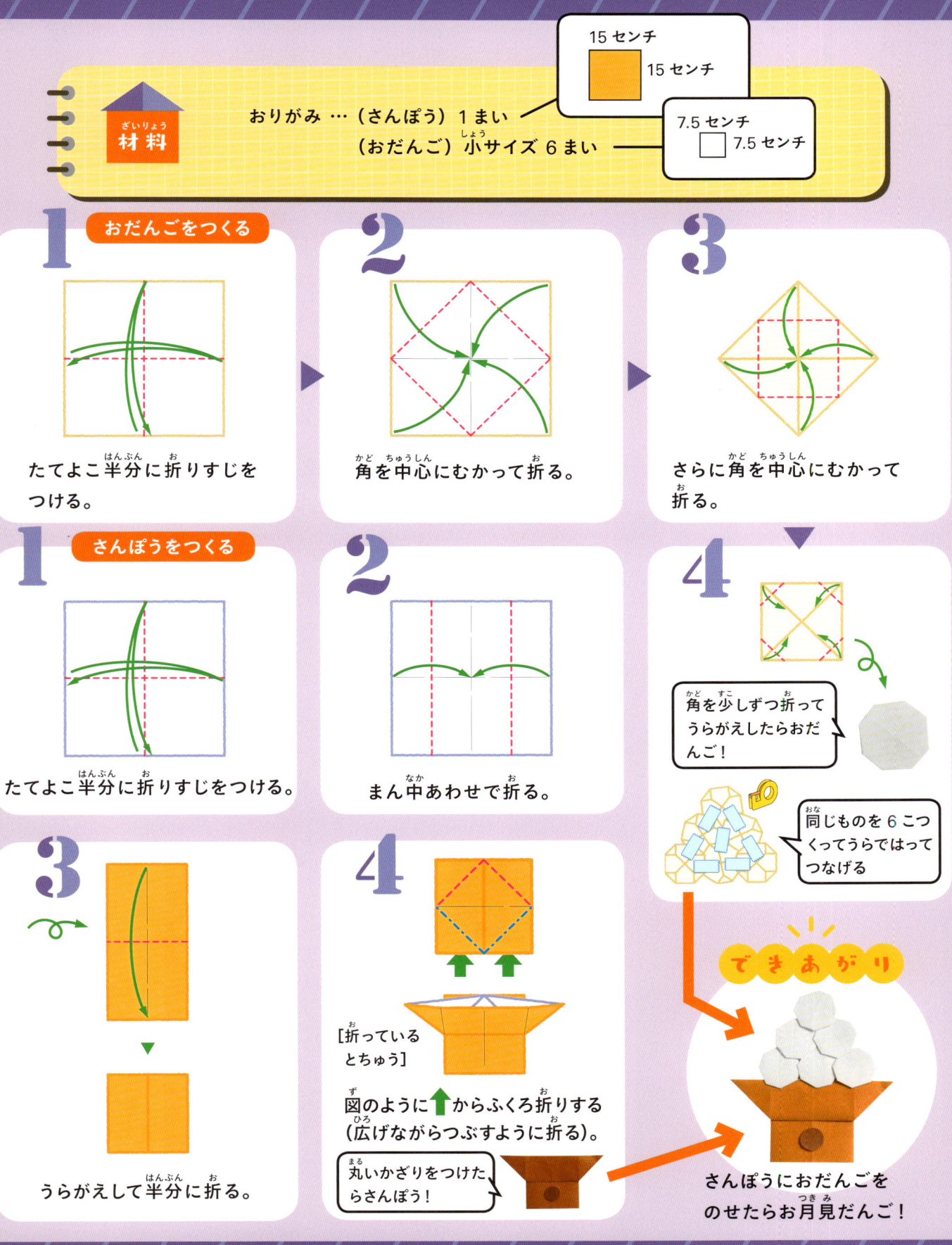

おだんごをつくる

1

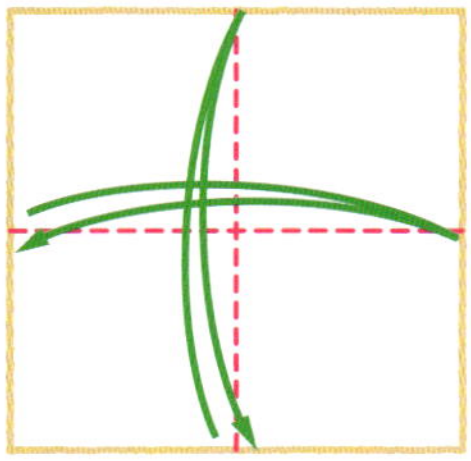

たてよこ半分に折りすじをつける。

2

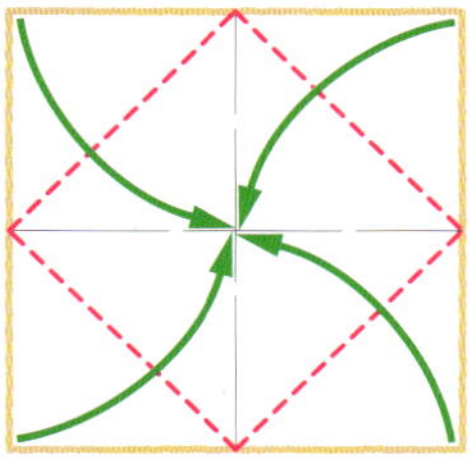

角を中心にむかって折る。

3

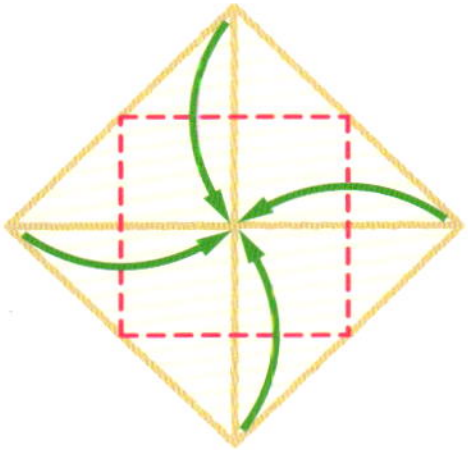

さらに角を中心にむかって折る。

4

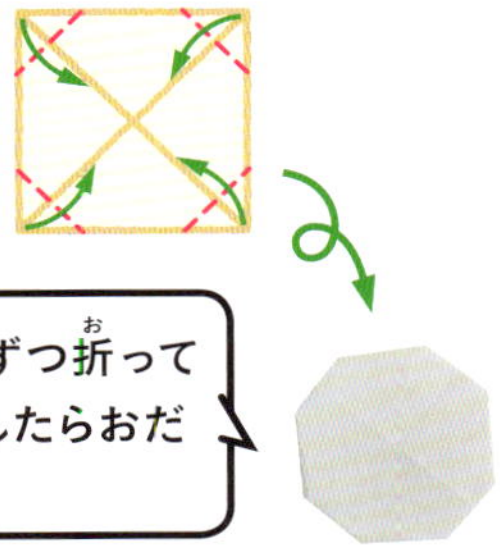

角を少しずつ折ってうらがえしたらおだんご！

同じものを6こつくってうらではってつなげる

さんぽうをつくる

1

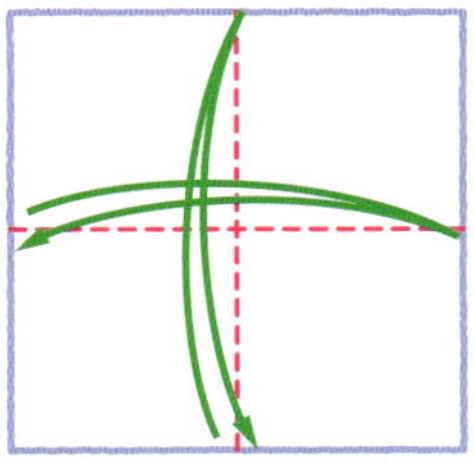

たてよこ半分に折りすじをつける。

2

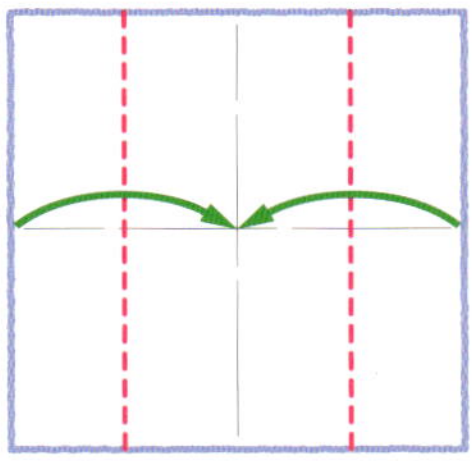

まん中あわせで折る。

3

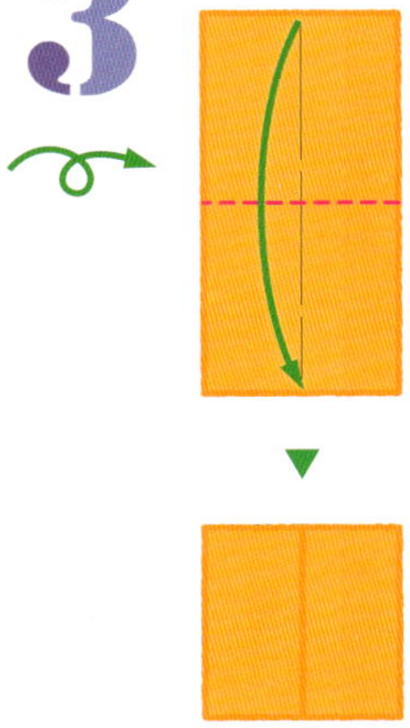

うらがえして半分に折る。

4

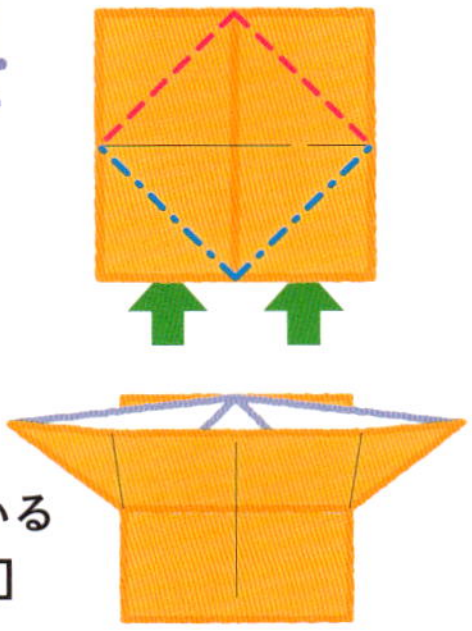

[折っているとちゅう]

図のように⬆からふくろ折りする（広げながらつぶすように折る）。

丸いかざりをつけたらさんぽう！

できあがり

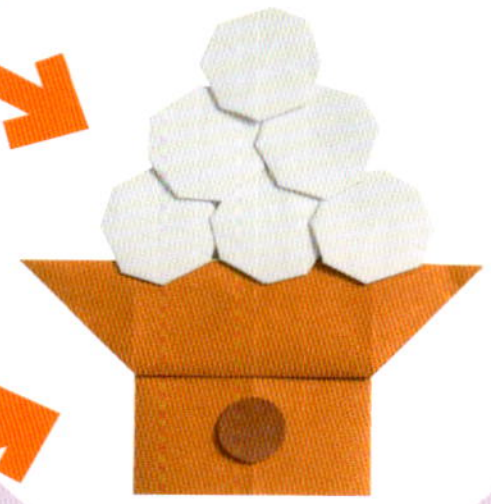

さんぽうにおだんごをのせたらお月見だんご！

autumn

COOKIE

クッキー

パーティで食べたい、市松もようのアイスボックスクッキー！

PARIS
au Cercle de la Librairie
17, Boul.d St Germain

いっぱいつくって
ボックスに入れたら、
本物そっくり！

材料

おりがみ … 小サイズ１まい

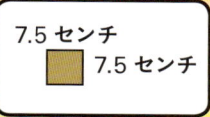

7.5 センチ　7.5 センチ

1

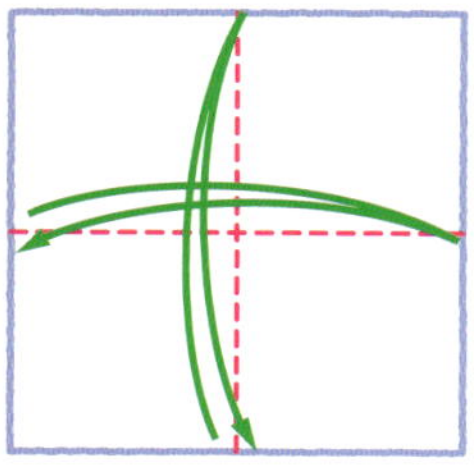

たてよこ半分に折りすじをつける。

2

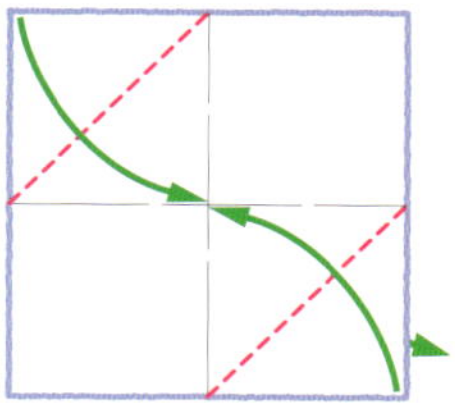

[折ったところ]

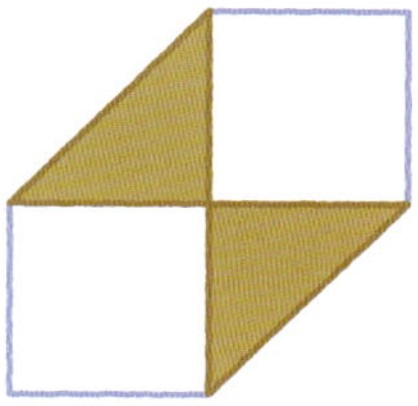

２つの角を中心にあわせて折る。

3

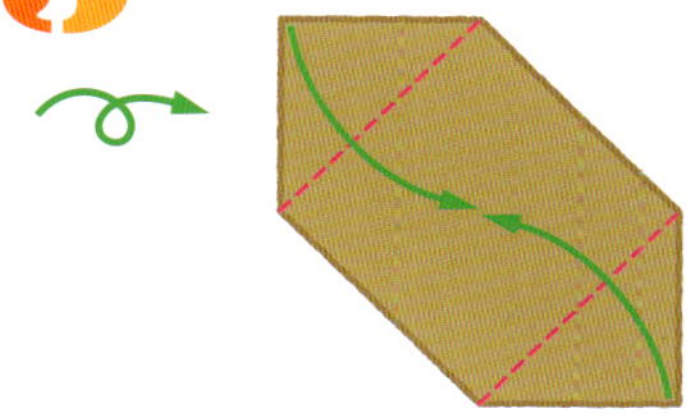

[折ったところ]

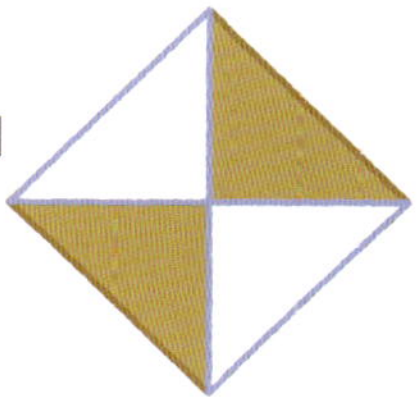

うらがえしてのこりの２つの角を中心にあわせて折る。

4

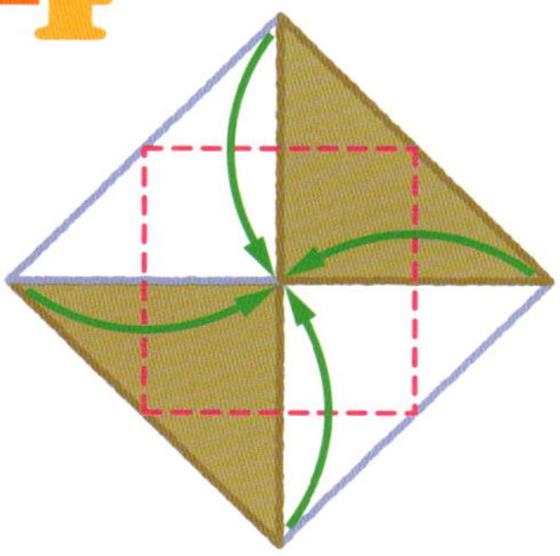

４つの角を中心まで折る。

できあがり

うらがえしたらおいしそうな四角いクッキー！

5

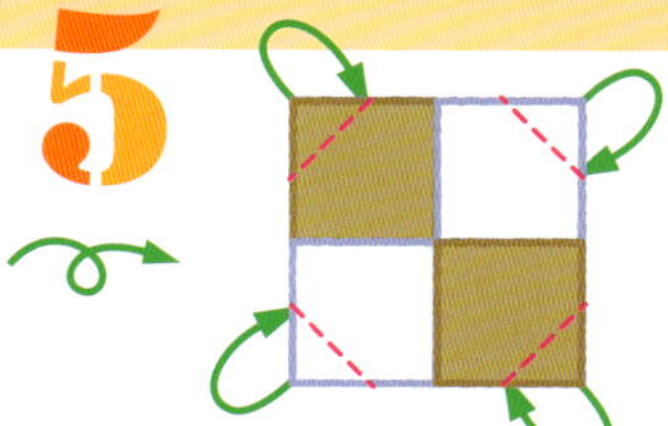

うらがえして角をそれぞれ少しうしろに折る。

できあがり

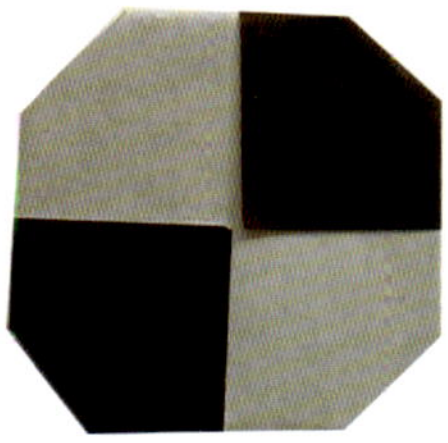

丸いクッキーもかわいい！

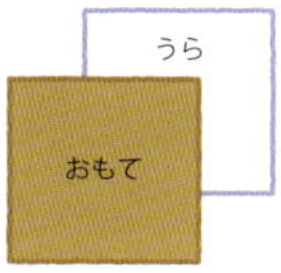
うら
おもて

うらどうしをあわせて、両面おりがみをつくって折ってもいいね。

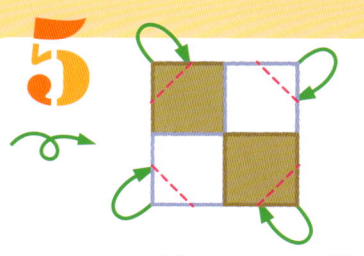

autumn

COLORED PENCIL

いろえんぴつ

芸術の季節！　どんな絵をかくのかな？

好きな色でたくさん折ると
カラフルで楽しい！
小さいサイズでつくってもかわいいね。

材料

おりがみ … $\frac{1}{2}$ まい

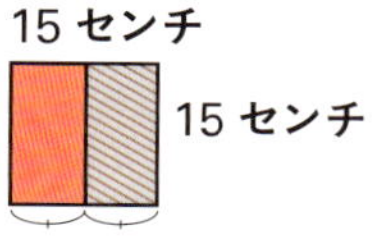
15 センチ
15 センチ

1

たて半分
サイズから
スタート

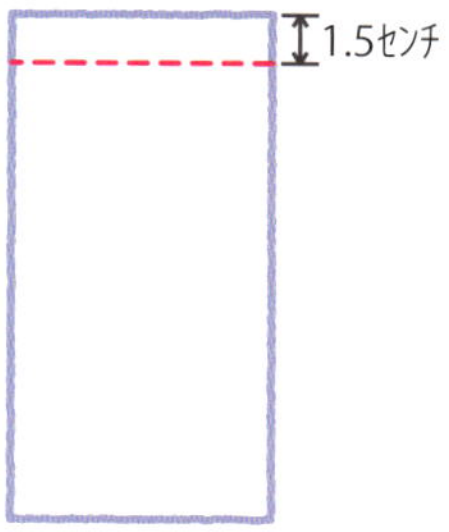
1.5センチ

上から 1.5 センチ折る。

2

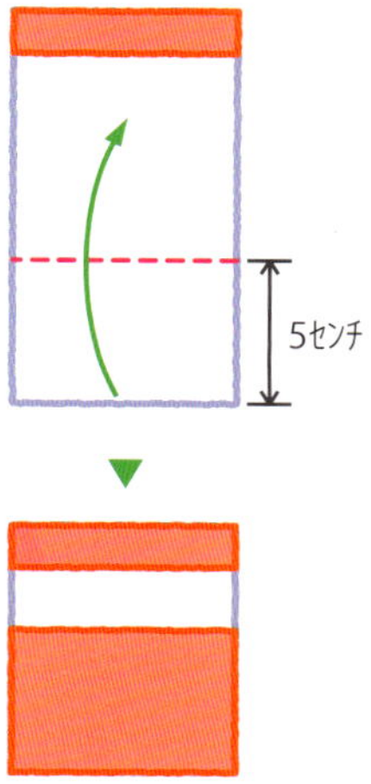
5センチ
[折ったところ]

下から 5 センチ折る。

3

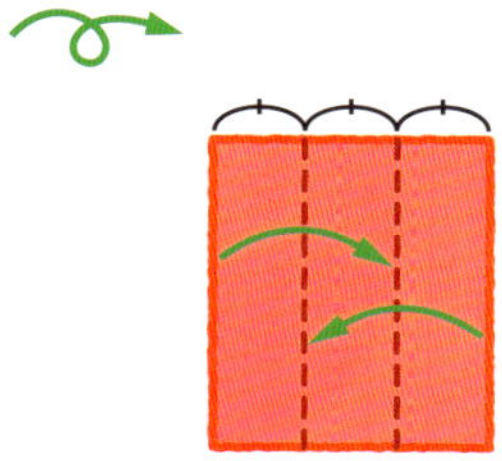

うらがえして 3 つ折りする。

4

左右の角を少し折る。

5

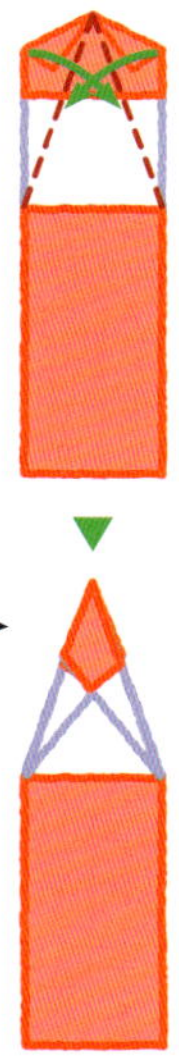
かさなる
[折ったところ]

図のようにさらにななめに
折る。

ふつうのえんぴつに
したいときは先を黒く
ぬってみてね！

できあがり

うらがえしたらいろえんぴつ！
1 で折る長さによって、しんの
長さもかわるよ！

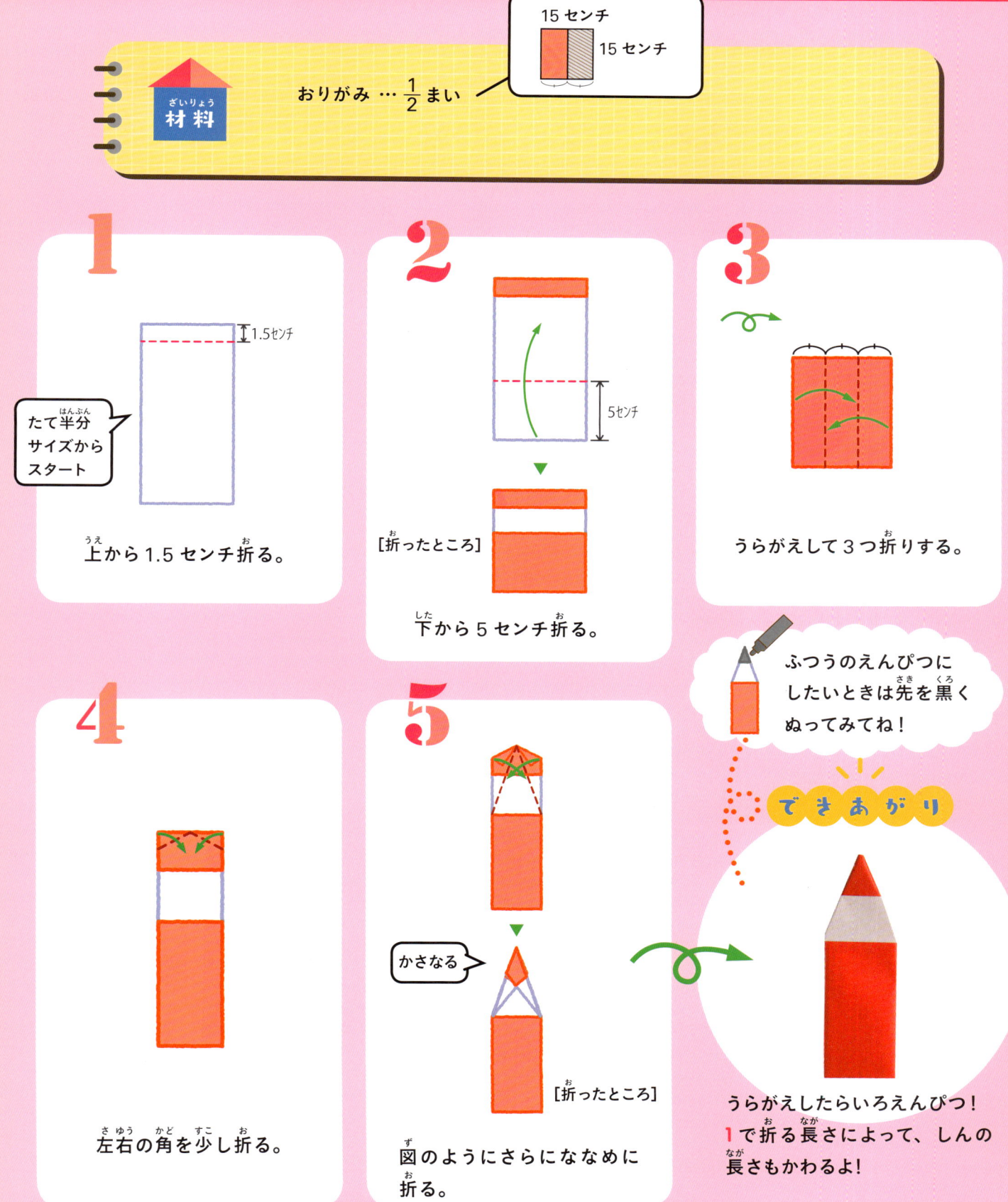

TREE

木

たくさんつくったら、おとぎの国の森みたい！

おりがみの色をかえると
イメージがかわるよ！
冬の木は白で折ってもいいね

材料

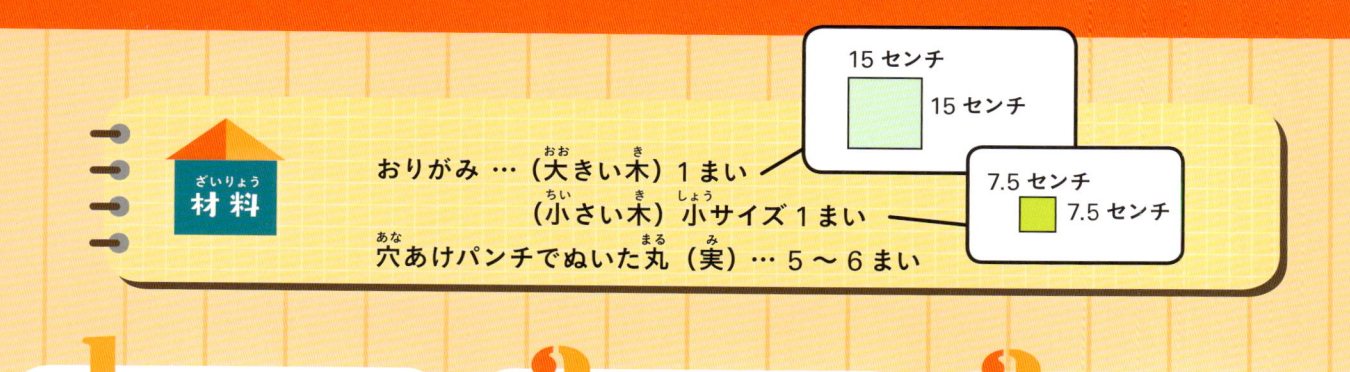

おりがみ …（大きい木）1まい
（小さい木）小サイズ1まい
穴あけパンチでぬいた丸（実）… 5～6まい

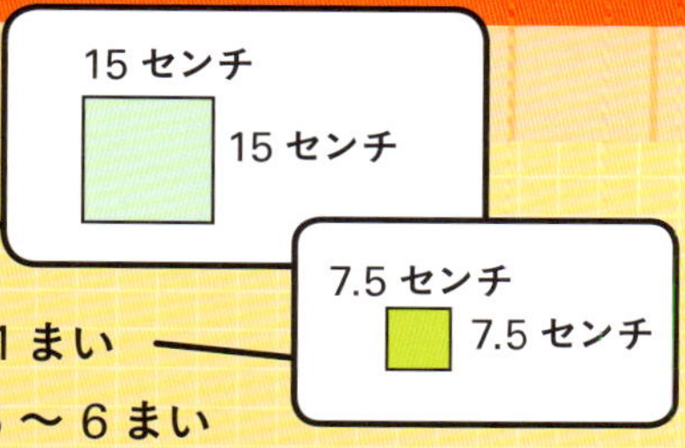
15 センチ
15 センチ
7.5 センチ
7.5 センチ

1

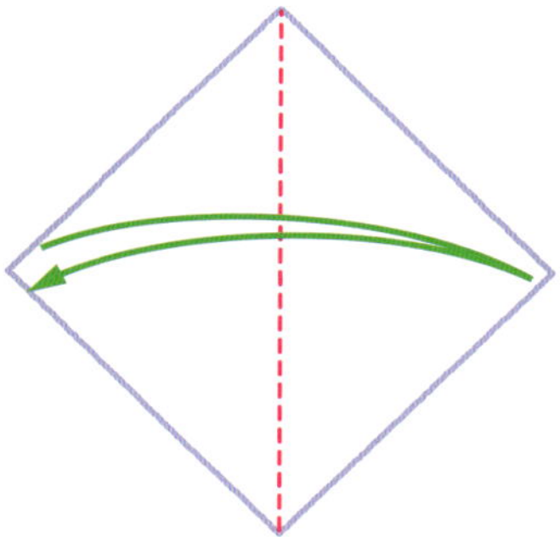

半分に折りすじをつける。

2

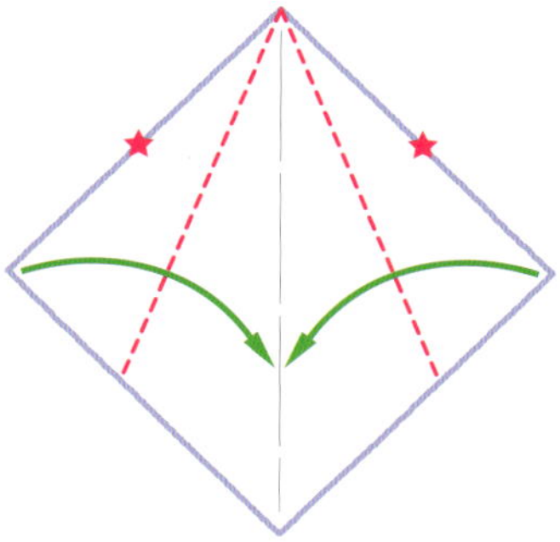

★のふちをまん中あわせで折る。

3

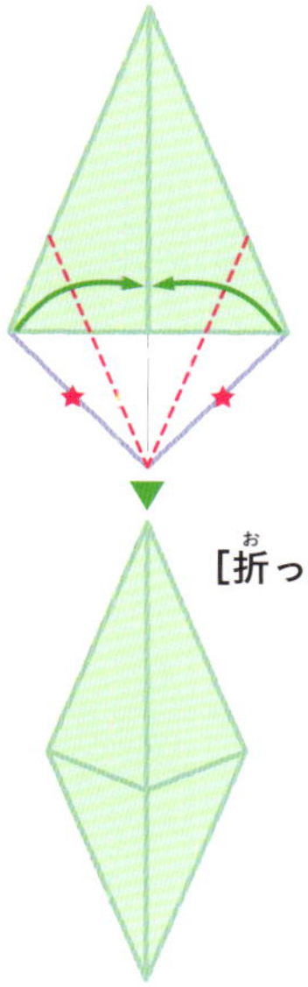
[折ったところ]

★のふちをまん中あわせで折る。

4

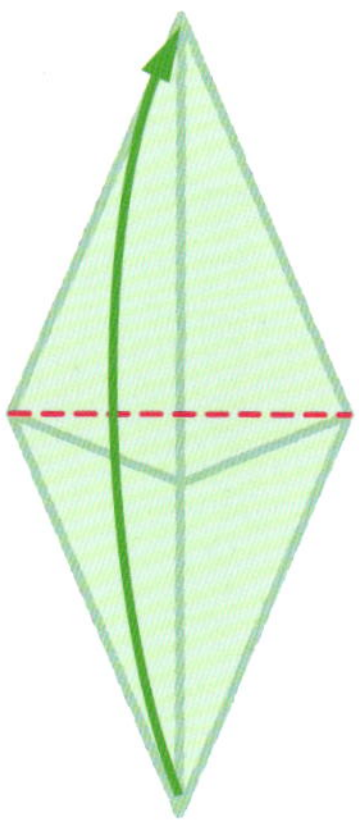

半分に折る。

5

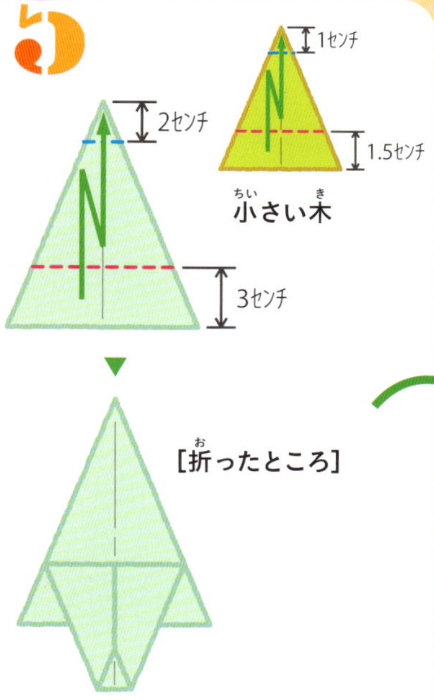
2センチ
3センチ
1センチ
1.5センチ
小さい木
[折ったところ]

図のように段折りする。

できあがり

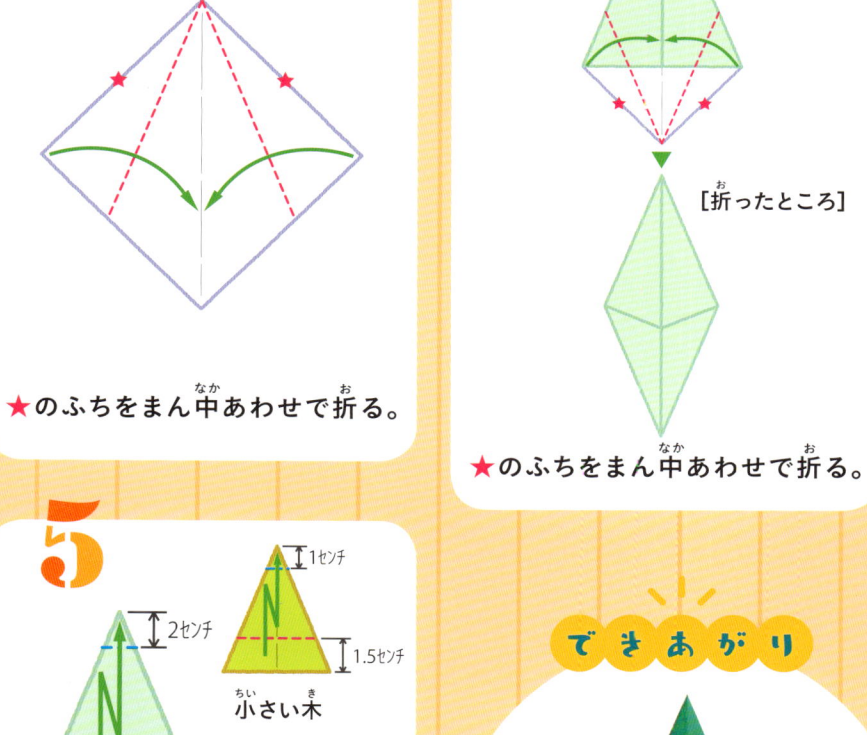

うらがえして
実をつけたら木！

autumn

BAT

こうもり

まちの夜空を飛ぶあやしいかげが…！？

こい色のおりがみで折ったときは、
目に白いマーカーや
丸シールをつかおう

材料

おりがみ … 1まい

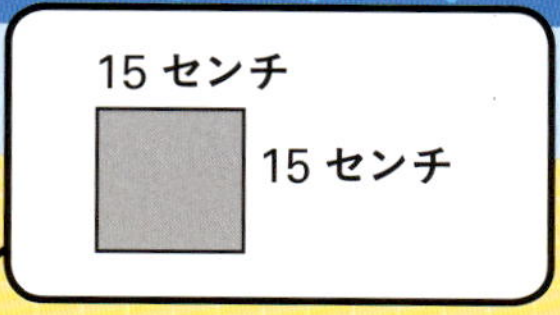

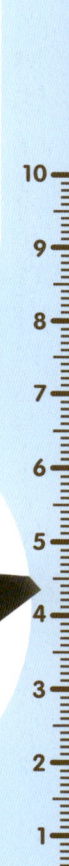

15センチ
15センチ

1

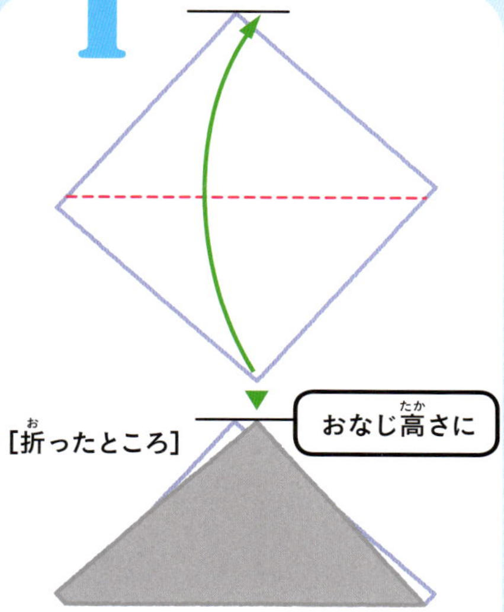

[折ったところ]
おなじ高さに

下の角を上の角と少しずらして折る。

2

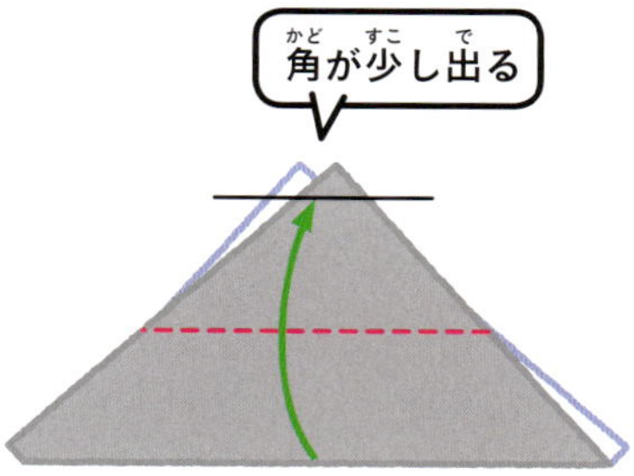

角が少し出る

1でずらした角のところが少し見えるように折る。

3

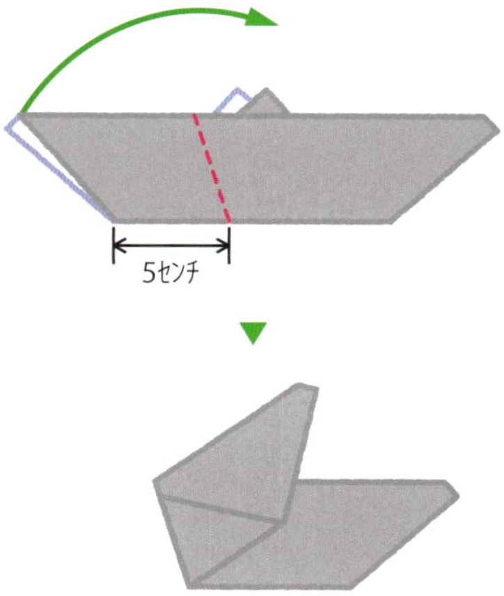

5センチ

図のように左側をななめに折る。

4

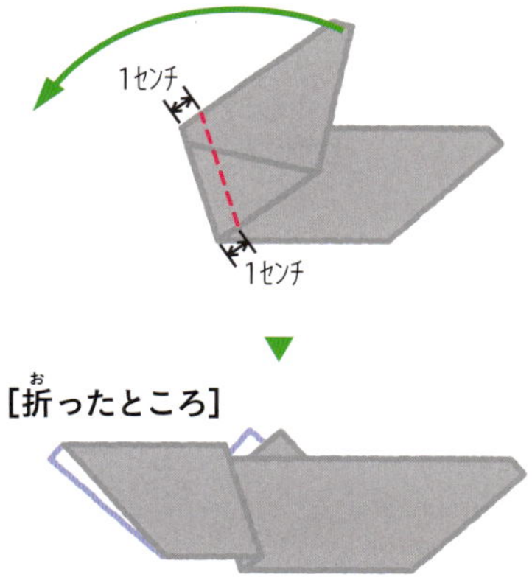

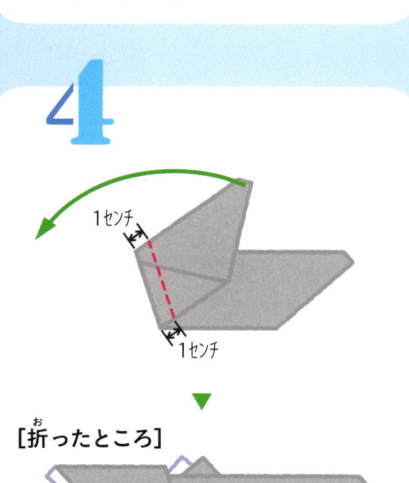

1センチ
1センチ
[折ったところ]

3で折ったところを外側に折る（段折りになる）。

5

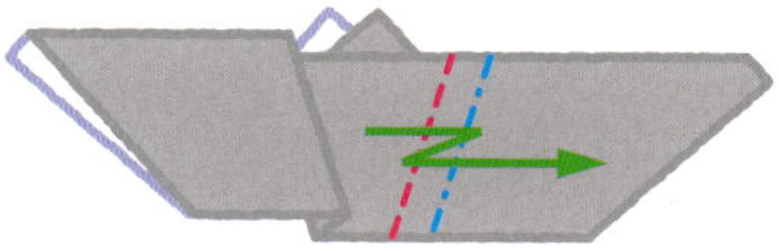

右側も3、4と同じように段折りする。

できあがり

顔をつけたらこうもり！

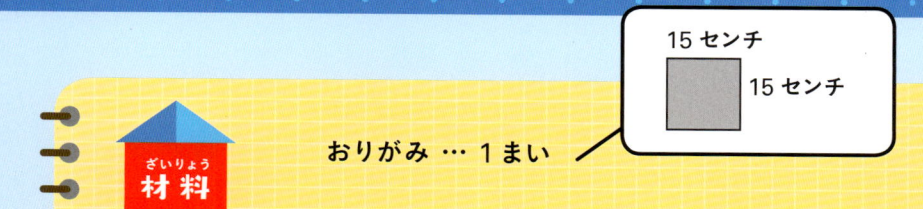

もっとつくろう！！

P 16の「なし」、P 26の「おだんご」のアレンジでフルーツもりあわせ！

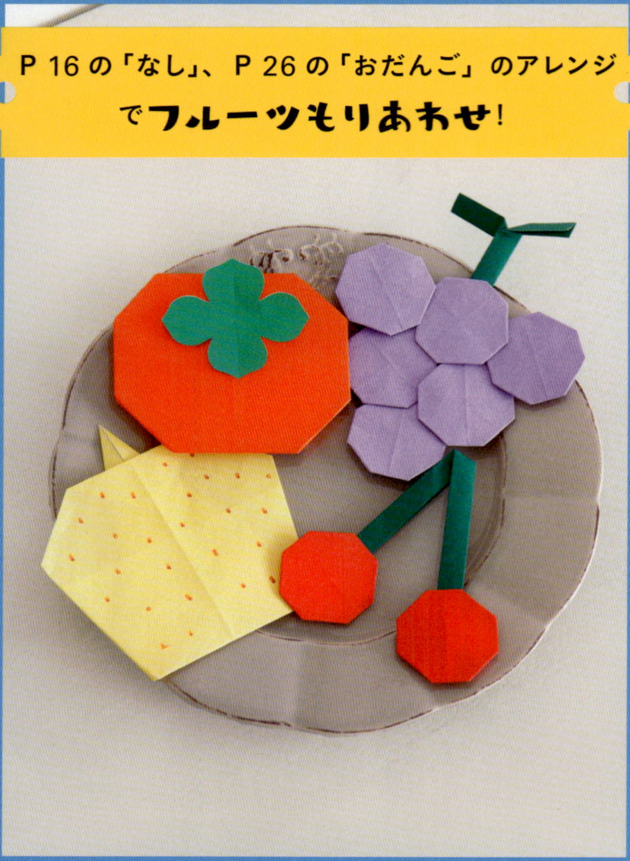

P26の「おだんご」の折りかたでさくらんぼとぶどうをつくろう！ヘタはたて長に $\frac{1}{4}$ サイズに切ったところからスタートしてね。

さくらんぼ

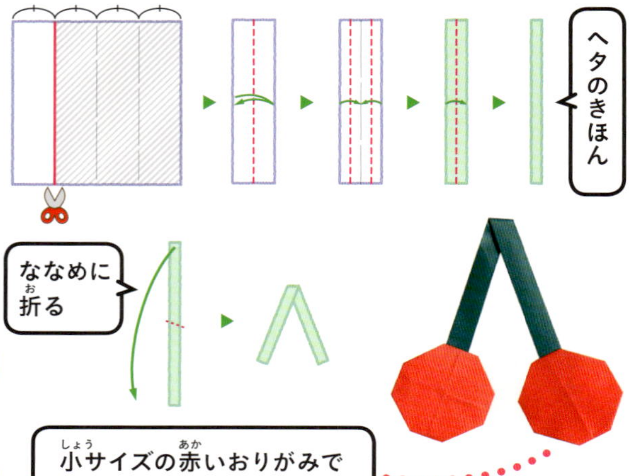
ヘタのきほん
ななめに折る

小サイズの赤いおりがみでおだんごを2こつくる

ぶどう

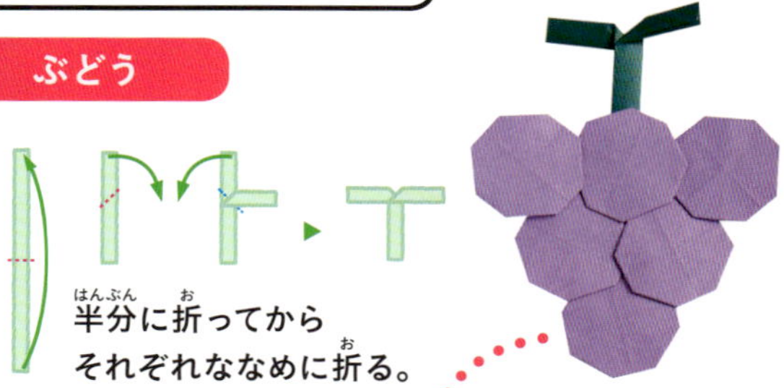

半分に折ってからそれぞれななめに折る。

小サイズのうすむらさきのおりがみでおだんごを6こつくる

かきをつくろう！

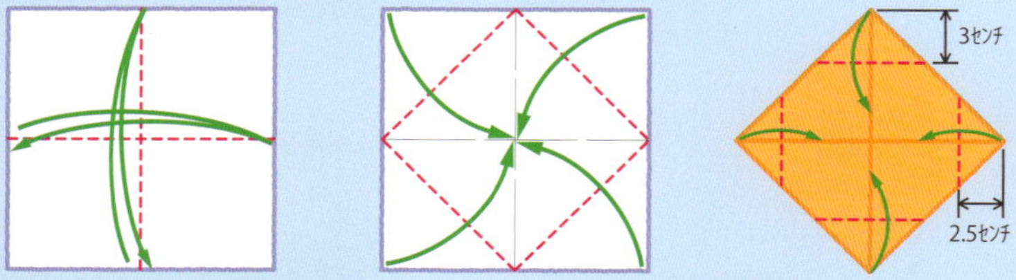
3センチ
2.5センチ

左右は2.5センチ上下は3センチ折る。

ヘタ

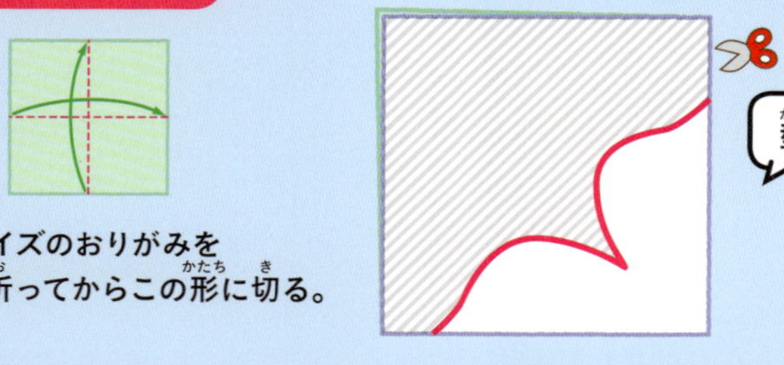
型紙

小サイズのおりがみを2回折ってからこの形に切る。

かき

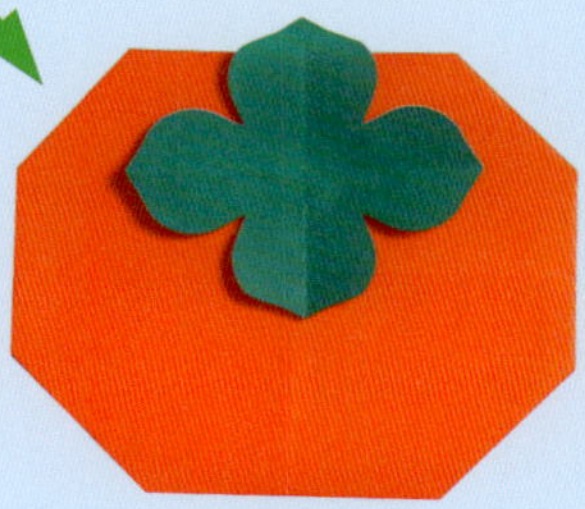

うらがえしてヘタをつけてね！

ハロウィンパーティを楽しもう

P 10 の「ねこ」と
P 24 の「がいこつ」を
がくにかざったよ！

ハロウィンアート

P 20 の「おばけ」と P 8 の
「かぼちゃ」を小サイズのおりがみ
で折ってカチューシャにはったよ！

ハロウィンカチューシャ

きのこのネームプレート

ゆう
まり
ゆか

P 12 の「きのこ」を小サイズの
おりがみで折ろう。カップにはると
だれののみものかわかりやすい！

えんぴつのぽち袋

500
Thank you !!

P 30 の「えんぴつ」を
おりがみを$\frac{1}{2}$に切らずに
つくったよ！

新聞紙でつくろう！

1

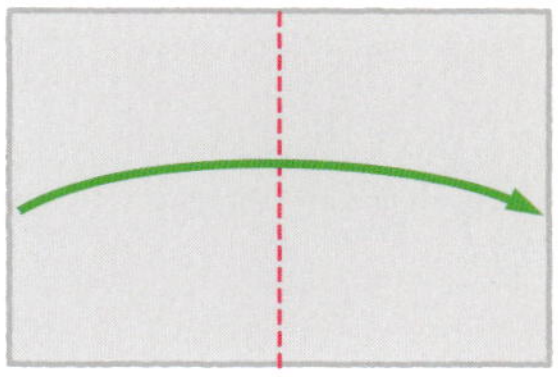

見開き半分に折る。

2

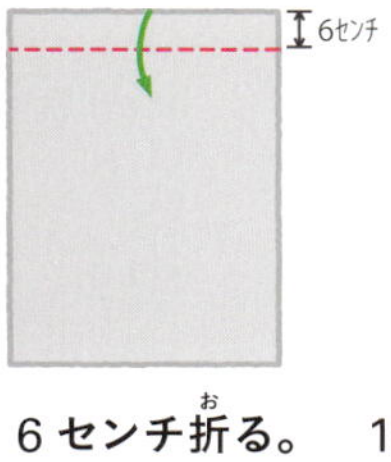
6センチ

6 センチ折る。

3

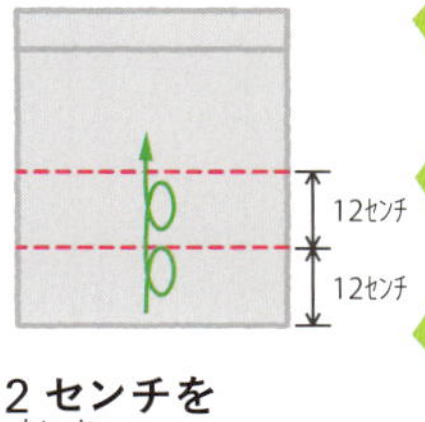
12センチ
12センチ

12 センチを
2 回折る。

4

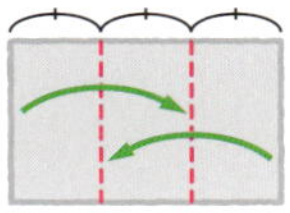

3 つ折りする。

5

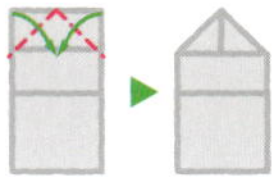

＜折ったところ＞

角を折ってテープではる。
うらがえしてできあがり！

P30 の「えんぴつ」を新聞紙でつくると
ウォールポケットに！

おりがみをはってね

作・構成　いしかわ☆まりこ

千葉県生まれの造形作家。
おもちゃメーカーにて開発・デザインを担当後、映像制作会社で幼児向けビデオの制作や、NHK「つくってあそぼ」の造形スタッフをつとめる。現在はEテレ「ノージーのひらめき工房」の工作の監修（アイデア、制作）を担当中。
工作、おりがみ、立体イラスト、人形など、こどもや親子、女性向けの作品を中心に、こども心を大切にした作品をジャンルを問わず発表している。親子向けや指導者向けのワークショップも開催中。
著書に「おりがみでごっこあそび」（主婦の友社）「カンタン！かわいい！おりがみあそび①〜④」（岩崎書店）、「たのしい！てづくりおもちゃ」「おって！きって！かざろうきりがみ 」〈2冊とも親子であそべるミニブック〉（ポプラ社）、「みんな大好き！お店やさんごっこ - かんたんアイテム150」（チャイルド本社）、「ラクラク！かわいい！！女の子の自由工作BOOK」（主婦と生活社）、「楽しいハロウィン工作」（汐文社）などなど。

5回で折れる 季節と行事のおりがみ
③ あき
〜どんぐり・ピアノ・お月見だんごほか〜

写真　安田仁志
図版作成　もぐらぽけっと
デザイン　池田香奈子
協力　西村由香

2018年9月　初版第一刷発行

作　いしかわ☆まりこ
発行者　小安宏幸
発行所　株式会社汐文社
〒102-0071
東京都千代田区富士見1-6-1
TEL 03-6862-5200　FAX 03-6862-5202
http://www.choubunsha.com

印　刷　新星社西川印刷株式会社
製　本　東京美術紙工協業組合

ＩＳＢＮ 978-4-8113-2517-0